Student's Book

# 참
## 한국어 1

ㅊ 도서출판 참

Student's Book

참
한국어 1

참 도서출판 참

한국어 1

| | |
|---|---|
| 발행일 | 5판 5쇄 2021년 9월 13일 |
| 발행처 | (주)도서출판 참 |
| 편 저 | TOPIK KOREA 한국어교육연구소 |
| 집필진 | 김명선·백소윤·오연경 |
| 일러스트 | 김은영 |
| 주 소 | 서울시 동작구 사당로 188 |
| 전 화 | (02)595-5746 |
| 팩 스 | (02)595-5749 |
| 홈페이지 | http://www.chamkorean.com |
| 등록번호 | 제 319-2014-52호 |

정 가   22,000원
ISBN   979-11-954215-9-6
       979-11-954215-0-3(세트)

이 도서의 국립중앙도서관 출판시도서목록(CIP)은 e-CIP 홈페이지(http://www.nl.go.kr/ecip)와
국가자료공동목록시스템(http://www.nl.go.kr/kolisnet)에서 이용하실 수 있습니다.

CIP 제어 번호 : CIP2015000399
Published by CHAM PUBLISHING
Phone +82 2 595 5746  Fax +82 2 595 5749

# 머리말

토픽코리아는 오랜 기간 국내외 대학을 비롯한 여러 한국어 교육 현장에서 외국인 한국어 학습자들과 함께 해 온 풍부한 경험을 바탕으로 『춤 한국어 1·2』를 출간하였습니다.

많은 외국인 학습자들이 한국어를 기초부터 쉽고 재미있게 배우고 익혀 한국어로 의사소통하는 데에 최고의 가치를 두고 집필하였습니다.

한국어 선생님들은 교재를 바탕으로 제작된 동영상을 활용한 효과적인 멀티미디어 교육이 가능하며, 학습자들은 온라인상에서 원어민 강사의 정확한 발음 등 다양한 학습 콘텐츠를 활용해 좀 더 쉽고 효과적인 한국어 학습을 할 수 있습니다.

『춤 한국어 1·2』의 출간이 한국어 학습자들에게 한국어가 쉽고 재미있게 배울 수 있는 친숙한 언어로 인식되는 계기가 되기를 바랍니다.

마지막으로 전 세계 한국어 교육 현장에서 한국어 세계화를 위해 노력하고 계시는 한국어 선생님들께 감사드리며, 이 책을 집필하는 데 시간과 수고를 아끼지 않으신 집필진 선생님들께도 감사의 인사를 전합니다.

앞으로도 토픽코리아는 한국어를 학습하고자 하는 외국인들을 위한 한국어 교재 개발에 최선의 노력을 다하겠습니다.

| 단원 | 제목 | 문법 | 기능 및 활동 | 어휘 및 표현 |
|---|---|---|---|---|
| 1 | 이것이 무엇입니까? | • N이/가 무엇입니까?<br> – N입니다<br><br>• N이/가 N입니까?<br> – 네, N입니다<br> – 아니요, N이/가 아닙니다 | 〈지시어 표현〉<br>• 지시어를 활용하여 한국어의 기본 문장 말하기 | • 기본 사물 용어 |
| 2 | 만나서 반갑습니다 | • 안녕하세요<br> 제 이름은 N입니다<br> 저는 N 사람입니다<br> 만나서 반갑습니다<br><br>• N은/는 N을/를 V-ㅂ니다/습니다<br> N은/는 무엇을 V-ㅂ니까?/습니까? | 〈자기소개 및 동사 활용①〉<br>• 자기소개하기<br>• 격식체를 활용하여 말하기 | • 동사 목록<br>• 나라 이름 |
| 3 | 왕홍 씨는 학교에 갑니까? | • N은/는 N에 갑니다 / 갑니까?<br> 옵니다 / 옵니까?<br><br>• N은/는 V-지 않습니다<br> N은/는 안 V | 〈동사 활용②〉<br>• 의지 부정 표현 활용하여 말하기<br>• 긍정, 부정 대답하기 | • 장소 명사<br>• N도 |
| 4 | 여기가 어디입니까? | • N이/가 어디입니까?<br> – N은/는 N입니다<br><br>• N은/는 N에서 N을/를<br> V-ㅂ니다/습니다 | 〈동사 활용③〉<br>• 장소의 위치 묻고 대답하기<br>• 조사를 활용하여 확장된 문장 말하기 | • 학교 명칭<br> (초등학교,<br> 중학교 등) |

| 단원 | 제목 | 문법 | 기능 및 활동 | 어휘 및 표현 |
|---|---|---|---|---|
| 5 | 무엇을 하십니까? | • 날짜 표현<br>• V-(으)십니다<br>　V-(으)십니까? | 〈날짜 및 존경 표현〉<br>• 날짜를 묻고 대답하기<br>• 존경어를 활용하여 말하기 | • 시간 명사<br>　(날짜, 요일,<br>　주말 등) |
| 6 | 오늘은 날씨가 좋습니다 | • N이/가 A-ㅂ니다 / 습니다<br>　N이/가 A-ㅂ니까? / 습니까?<br>　N이/가 어떻습니까?<br><br>• N이/가 A-지 않습니다<br>　N이/가 안 A | 〈형용사 활용과 의지 부정 표현〉<br>• 형용사를 활용하여 말하기<br>• 형용사의 부정 표현 활용하여 말하기 | • 형용사 목록<br>• N에도, N에는<br>• N와/과 N |
| 7 | 토요일에 무엇을 해요? | • A/V-아요/어요<br>　A/V-지 않아요<br>　안 A/V-아요/어요<br><br>• N이에요/예요<br>　N이/가 아니에요 | 〈비격식체 표현〉<br>• 동사, 형용사, 명사의<br>　비격식체 표현하기 | • 같이, 혼자<br>• N와/과 같이<br>• N들 |
| 8 | 어디에서 오셨어요? | • A/V-았/었-<br><br>• V-(으)셨- | 〈과거 표현〉<br>• 과거 표현하기<br>• 존경어의 과거 표현하기 | |
| 9 | 집에 텔레비전이 있어요? | • N에 N이/가 있다[없다]<br><br>• N에 있다/없다<br><br>• S-고 S | 〈위치 표현 및 문장 나열〉<br>• 존재 형용사를 활용하여 말하기<br>• 위치 관련 어휘를 활용하여<br>　묻고 대답하기<br>• 연결어미를 활용하여<br>　문장 나열하기 | • 위치 명사<br>　(위, 아래, 옆 등) |
| 10 | 지금 몇 시예요? | • N 시 N 분<br><br>• 수량 명사<br><br>• V-고 V | 〈수 표현 및 시간 순서의 연결어미〉<br>• 시간을 묻고 대답하기<br>• 수량 표현하기<br>• 연결어미를 활용하여 선후관계 표현하기 | • 수 관형사<br>　(하나, 둘…)<br>• 수량명사<br>　(개, 잔, 권, 명 등)<br>• 몇 N<br>• N쯤 |

교재 구성표

| 단원 | 제목 | 문법 | 기능 및 활동 | 어휘 및 표현 |
|---|---|---|---|---|
| 11 | 우리 가족은 모두 4명입니다 | • 누구/누가<br>• V-(으)세요<br>  N(이)세요 | 〈존칭표현〉<br>• 존경형을 활용하여 말하기<br>• 가족 소개하기 | • 누구/누가<br>• 가족 호칭<br>  (아버지, 어머니 등) |
| 12 | 여보세요, 거기 한국어 학당입니까? | • V-겠-<br>• V-(으)ㄹ 거예요 | 〈미래 표현〉<br>• 미래형을 활용하여<br>  의지 표현하기<br>• 전화하기 | • 그렇다<br>• 그러면 |
| 13 | 한국 음식이 맛있지만 매워요 | • 'ㅂ' 불규칙<br>• S-지만 S | 〈'ㅂ' 불규칙 용언과 대조의 연결어미〉<br>• 'ㅂ' 불규칙 용언을 학습하여 표현하기<br>• 대조 관계의 연결어미를 활용하여 표현하기 | • 대조 형용사<br>• 이게/그게/저게 |
| 14 | 거스름돈을 받으세요 | • V-(으)세요 / V-(으)십시오<br>• N이/가 얼마예요? | 〈명령 표현과 가격 말하기〉<br>• 명령형을 활용하여 표현하기<br>• 물건 사기 | • 화폐 관련 어휘<br>• 실례지만<br>• 모두, 다 |
| 15 | 친구를 만나서 서점에 갔어요 | • '—' 불규칙<br>• V-아서/어서<br>• 무슨 N | 〈'—' 불규칙 용언과 선후관계의 연결어미〉<br>• '—' 불규칙 용언을 학습하여 표현하기<br>• 선후관계의 연결어미를 활용하여 선후 문장의 지속 관계 표현하기 | • 시험이 있다<br>  시험을 보다<br>• 돌아오다[돌아가다]<br>• 출발하다, 도착하다 |
| 16 | 감기에 걸려서 병원에 갔어요 | • A/V-아서/어서<br>• 못 V | 〈이유의 연결어미와 능력 부정 표현〉<br>• 이유의 연결어미를 활용하여 표현하기<br>• 의지 부정과 능력 부정을 비교하여 표현하기 | • N부터 N까지<br>• 감기에 걸리다 |

| 단원 | 제목 | 문법 | 기능 및 활동 | 어휘 및 표현 |
|---|---|---|---|---|
| 17 | 우리 같이 대학로에 갈까요? | • V-(으)ㄹ까요?<br>  V-(으)ㅂ시다<br><br>• A/V-(으)니까 / N(이)니까 | 〈제안 표현과 이유의 연결어미〉<br>• 제안 표현을 활용하여 대화하기<br>• 명령, 청유의 이유 말하기 | • 교통수단<br>  (버스, 지하철 등)<br>• 어서/빨리<br>• 그러지요 |
| 18 | 무엇을 하고 있어요? | • 'ㄷ'불규칙<br><br>• V-고 있다<br><br>• V-(으)면서 | 〈'ㄷ'불규칙 용언과 동시 동작 및 현재 진행 표현〉<br>• 'ㄷ'불규칙 용언을 학습하여 활용하기<br>• 현재 진행되는 사실을 강조하여 표현하기<br>• 동시에 일어나는 두 가지 동작 표현하기 | • 타고 가다<br>• 걸어(서) 가다 |
| 19 | 방학에 여행을 가려고 해요 | • V-(으)려고 하다<br><br>• V-아야/어야 하다 | 〈계획 표현과 의무 표현〉<br>• 미래를 계획하여 표현하기<br>• 보조 동사를 활용하여 의무 표현하기 | • 여행을 하다[가다]<br>• 떠나다 |
| 20 | 한국 음식을 만들 수 있어요? | • 'ㄹ'불규칙<br><br>• V-(으)ㄹ 수 있다[없다]<br><br>• 잘 V / 잘못 V | 〈'ㄹ'불규칙 용언과 능력 및 가능 표현〉<br>• 'ㄹ'불규칙 용언을 학습하여 표현하기<br>• 가능 및 능력 표현을 활용하여 말하기 | • 가깝다, 멀다<br>• 이리/그리/저리 |
| 21 | 생일 파티를 해요 | • N에게[께] N을/를 주다 [드리다]<br><br>• V-고 싶다<br><br>• N을/를 좋아하다[싫어하다]<br>  N이/가 좋다[싫다] | 〈희망 표현과 기호 표현〉<br>• 보조 형용사를 활용하여 희망 표현하기<br>• 용언의 기호 표현을 비교하여 말하기 | • 지내다<br>• N은/는요? |
| 22 | 에리나 씨가 올까요? | • N이/가 A/V-(으)ㄹ까요?<br>  A/V-(으)ㄹ 거예요<br>• V-아/어 보다 | 〈추측 표현과 시도 표현〉<br>• 추측 표현을 활용하여 대화하기<br>• 보조 동사를 활용하여 시도 표현하기 | • 아직<br>• 뭘요 |

| 단원 | 제목 | 문법 | 기능 및 활동 | 어휘 및 표현 |
|---|---|---|---|---|
| 23 | 얼마를 바꿔 드릴까요? | • V-아/어 주다<br><br>• (제가) V-(으)ㄹ까요?<br>  (저에게) V-아/어 주세요 | 〈부탁 및 봉사 표현〉<br>• 보조 동사를 활용하여<br>  부탁 표현하기<br>• 부탁 표현을 활용하여<br>  대화하기 | • 어떻게 오셨어요?<br>• 바꾸다<br>• 전에, 후에 |
| 24 | 게임을 하는데 친구들과 함께 오세요 | • A-(으)ㄴ데<br>  V-는데<br>  N인데 | 〈설명 및 배경의 연결어미〉<br>• 대조와 이유 표현 말하기<br>• 배경을 설명하기<br>• 화제 전환하기 | • 시작하다<br>• 끝나다<br>  끝내다 |
| 25 | 경주에 도착하면 첨성대에 갑시다! | • 안 A/V<br><br>• A/V-(으)면<br><br>• (제가) V-(으)ㄹ게요 | 〈부정 의문문과 가정의<br>연결어미〉<br>• 부정 의문문을 활용하여<br>  강조하여 말하기<br>• 미래를 가정하여 표현하기<br>• 미래 시제를 활용하여 표현하기 | • 더<br>• 내가[제가] |
| 26 | 정말 아름답군요! | • A-군요<br>  V-는군요<br><br>• A-(으)ㄴ N<br>  V-는 N<br>  V-(으)ㄹ N<br><br>• A/V-지요?<br>  N(이)지요? | 〈감탄 표현과 관형사형 표현〉<br>• 감탄 표현을 활용하여 말하기<br>• 명사를 수식하여 표현하기<br>• 확인하여 묻고 대답하기 | • 어떤 N<br>• 보여 주다<br>  [보여 드리다] |
| 27 | 한국 전통 음악을 배우러 왔어요 | • '르'불규칙<br><br>• V-(으)러 가다[오다, 다니다]<br><br>• N보다 더 A/V | 〈'르'불규칙 용언과 목적의<br>연결어미와 비교 표현〉<br>• '르'불규칙 용언을 학습하여 표<br>  현하기<br>• 목적의 연결어미를 활용하여<br>  말하기<br>• 비교하여 말하기 | |

# Contents

## 차례

# 참

# 한국어 1

## 예비편 – 한글 익히기

# 한글 (1)

## (1) 자음 + 모음 1

### 1 모음 (Vowels)

ㅏ, ㅑ, ㅓ, ㅕ, ㅗ, ㅛ, ㅜ, ㅠ, ㅡ, ㅣ

| | | | | |
|---|---|---|---|---|
| ㅏ | ㅑ | ㅓ | ㅕ | ㅗ |
| [a] | [ya] | [ɔ] | [yɔ] | [o] |

| | | | | |
|---|---|---|---|---|
| ㅛ | ㅜ | ㅠ | ㅡ | ㅣ |
| [yo] | [u] | [yu] | [ɨ] | [i] |

| | | | | |
|---|---|---|---|---|
| ㅏ | ㅑ | ㅓ | ㅕ | ㅗ |
| | | | | |

| | | | | |
|---|---|---|---|---|
| ㅛ | ㅜ | ㅠ | ㅡ | ㅣ |
| | | | | |

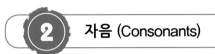 **자음** (Consonants)

ㄱ, ㄴ, ㄷ, ㄹ, ㅁ, ㅂ, ㅅ, ㅇ, ㅈ, ㅊ, ㅋ, ㅌ, ㅍ, ㅎ

| ㄱ | ㄴ | ㄷ | ㄹ | ㅁ | ㅂ | ㅅ |
|---|---|---|---|---|---|---|
| [k] | [n] | [t] | [l] | [m] | [p] | [s] |

| ㅇ | ㅈ | ㅊ | ㅋ | ㅌ | ㅍ | ㅎ |
|---|---|---|---|---|---|---|
| [ŋ] | [č] | [čʰ] | [kʰ] | [tʰ] | [pʰ] | [h] |

| ㄱ | ㄴ | ㄷ | ㄹ | ㅁ | ㅂ | ㅅ |
|---|---|---|---|---|---|---|

| ㅇ | ㅈ | ㅊ | ㅋ | ㅌ | ㅍ | ㅎ |
|---|---|---|---|---|---|---|

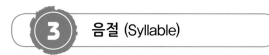

## 3 음절 (Syllable)

C: Consonants / 자음

V: Vowels / 모음

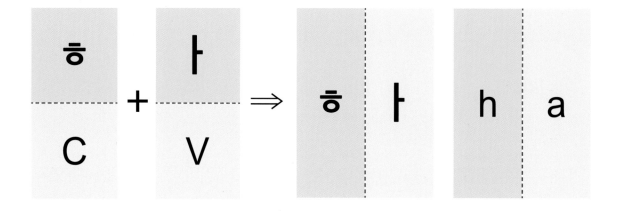

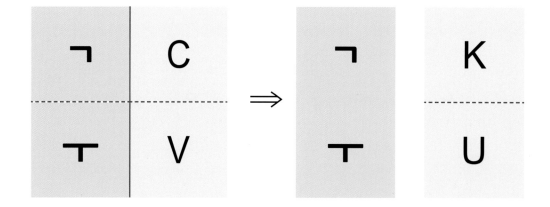

쓰세요.

| | ㅏ | ㅑ | ㅓ | ㅕ | ㅗ | ㅛ | ㅜ | ㅠ | ㅡ | ㅣ |
|---|---|---|---|---|---|---|---|---|---|---|
| ㄱ | | | | | | | | | | |
| ㄴ | | | | | | | | | | |
| ㄷ | | | | | | | | | | |
| ㄹ | | | | | | | | | | |
| ㅁ | | | | | | | | | | |
| ㅂ | | | | | | | | | | |
| ㅅ | | | | | | | | | | |
| ㅇ | | | | | | | | | | |
| ㅈ | | | | | | | | | | |
| ㅊ | | | | | | | | | | |
| ㅋ | | | | | | | | | | |
| ㅌ | | | | | | | | | | |
| ㅍ | | | | | | | | | | |
| ㅎ | | | | | | | | | | |

가수

고기

나무

나비

다리

모자

휴지

바나나

토마토

버스

기차

아기

여자

오리

우유

커피

치마

포도

피아노

피자

쓰세요.

| | | | | |
|---|---|---|---|---|
| 1. 여기 | | | | |
| 2. 거기 | | | | |
| 3. 어느 | | | | |
| 4. 나이 | | | | |
| 5. 누구 | | | | |
| 6. 어디 | | | | |
| 7. 구두 | | | | |
| 8. 아니요 | | | | |
| 9. 오다 | | | | |
| 10. 가다 | | | | |
| 11. 요리 | | | | |
| 12. 나무 | | | | |
| 13. 너무 | | | | |
| 14. 두부 | | | | |
| 15. 바다 | | | | |
| 16. 어머니 | | | | |
| 17. 다리미 | | | | |
| 18. 나비 | | | | |
| 19. 우리나라 | | | | |
| 20. 기다리다 | | | | |

| | | | | |
|---|---|---|---|---|
| 21. 다시 | | | | |
| 22. 도시 | | | | |
| 23. 지도 | | | | |
| 24. 교수 | | | | |
| 25. 기자 | | | | |
| 26. 기차 | | | | |
| 27. 마시다 | | | | |
| 28. 소고기 | | | | |
| 29. 부자 | | | | |
| 30. 비서 | | | | |
| 31. 아프다 | | | | |
| 32. 가르치다 | | | | |
| 33. 지하 | | | | |
| 34. 하루 | | | | |
| 35. 포도 | | | | |
| 36. 크다 | | | | |
| 37. 피리 | | | | |
| 38. 다투다 | | | | |
| 39. 휴가 | | | | |
| 40. 휴지 | | | | |

# 한글 (2)

## (1) 자음 (C) + 모음 (V) + 자음 (C)

 음절 (Syllable)

ㅎ + ㅏ + ㄴ

C + V + C

⇒ | C | V |
     | C |

ㅎ ㅏ
ㄴ

h a
n

ㄱ + ㅜ + ㄱ

C + V + C

⇒ | C |
     | V |
     | C |

ㄱ
ㅜ
ㄱ

k
u
k

| 받침<br>(final consonant) | | 발음<br>(Pronunciation) | |
|---|---|---|---|
| ㄱ + ㅏ + ㄱ | = 각 | [각] | [k] |
| ㄱ + ㅏ + ㄴ | = 간 | [간] | [n] |
| ㄱ + ㅏ + ㄷ | = 갇 | [갇] | [t] |
| ㄱ + ㅏ + ㄹ | = 갈 | [갈] | [l] |
| ㄱ + ㅏ + ㅁ | = 감 | [감] | [m] |
| ㄱ + ㅏ + ㅂ | = 갑 | [갑] | [p] |
| ㄱ + ㅏ + ㅅ | = 갓 | [갇] | [t] |
| ㄱ + ㅏ + ㅇ | = 강 | [강] | [ŋ] |
| ㄱ + ㅏ + ㅈ | = 갖 | [갇] | [t] |
| ㄱ + ㅏ + ㅊ | = 갗 | [갇] | [t] |
| ㄱ + ㅏ + ㅋ | = 갘 | [각] | [k] |
| ㄱ + ㅏ + ㅌ | = 같 | [갇] | [t] |
| ㄱ + ㅏ + ㅍ | = 갚 | [갑] | [p] |
| ㄱ + ㅏ + ㅎ | = 갛 | [갇] | [t] |

 쓰세요.

|  | ㄱ | ㄴ | ㄷ | ㄹ | ㅁ | ㅂ | ㅅ | ㅇ | ㅈ | ㅊ | ㅋ | ㅌ | ㅍ | ㅎ |
|---|---|---|---|---|---|---|---|---|---|---|---|---|---|---|
| 가 | 각 |  |  |  |  |  |  |  |  |  |  |  |  |  |
| 나 |  | 난 |  |  |  |  |  |  |  |  |  |  |  |  |
| 다 |  |  | 닫 |  |  |  |  |  |  |  |  |  |  |  |
| 라 |  |  |  | 랄 |  |  |  |  |  |  |  |  |  |  |
| 마 |  |  |  |  |  |  |  |  |  |  |  |  |  |  |
| 바 |  |  |  |  |  |  |  |  |  |  |  |  |  |  |
| 사 |  |  |  |  |  |  |  |  |  |  |  |  |  |  |
| 아 |  |  |  |  |  |  |  |  |  |  |  |  |  |  |
| 자 |  |  |  |  |  |  |  |  |  |  |  |  |  |  |
| 차 |  |  |  |  |  |  | 창 |  |  |  |  |  |  |  |
| 카 |  |  |  |  |  |  |  |  |  |  |  |  |  |  |
| 타 |  |  |  |  |  |  |  |  |  |  |  |  |  |  |
| 파 |  |  |  |  |  |  |  |  |  |  |  |  | 팥 |  |
| 하 |  |  |  |  |  |  |  |  |  |  |  |  |  |  |

읽으세요.

가방

교실

친구

남자

밥

한국

농구

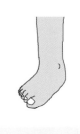

발

축구

컴퓨터

칼

학교

숟가락

젓가락

술

연필

돈

컵

도시락

음악

쓰세요.

| | | | | |
|---|---|---|---|---|
| **1. 가방** | | | | |
| **2. 교실** | | | | |
| **3. 길** | | | | |
| **4. 김치** | | | | |
| **5. 불고기** | | | | |
| **6. 남자** | | | | |
| **7. 돈** | | | | |
| **8. 물** | | | | |
| **9. 밥** | | | | |
| **10. 사람** | | | | |
| **11. 중국** | | | | |
| **12. 미국** | | | | |
| **13. 일본** | | | | |
| **14. 한국** | | | | |
| **15. 수박** | | | | |
| **16. 삼촌** | | | | |
| **17. 친구** | | | | |
| **18. 수첩** | | | | |
| **19. 컴퓨터** | | | | |
| **20. 칼** | | | | |

| | | | | |
|---|---|---|---|---|
| 21. 숟가락 | | | | |
| 22. 젓가락 | | | | |
| 23. 자전거 | | | | |
| 24. 집 | | | | |
| 25. 학교 | | | | |
| 26. 문 | | | | |
| 27. 도시락 | | | | |
| 28. 사진 | | | | |
| 29. 지갑 | | | | |
| 30. 창문 | | | | |
| 31. 번호 | | | | |
| 32. 술 | | | | |
| 33. 종소리 | | | | |
| 34. 종이 | | | | |
| 35. 수업 | | | | |
| 36. 공부 | | | | |
| 37. 연필 | | | | |
| 38. 발 | | | | |
| 39. 손 | | | | |
| 40. 여름 | | | | |

| 1 | 2 | 3 | 4 | 5 |
|---|---|---|---|---|
| 일 | 이 | 삼 | 사 | 오 |

| 6 | 7 | 8 | 9 | 10 |
|---|---|---|---|---|
| 육 | 칠 | 팔 | 구 | 십 |

| 11 | 12 | 13 | 14 | 15 |
|---|---|---|---|---|
| 십일 | 십이 | 십삼 | 십사 | 십오 |

| 16 | 17 | 18 | 19 | 20 |
|---|---|---|---|---|
| 십육 | 십칠 | 십팔 | 십구 | 이십 |

| 0 | 영 | 영 | | | | | | | |
|---|---|---|---|---|---|---|---|---|---|
| 1 | 일 | 일 | | | | | | | |
| 2 | 이 | 이 | | | | | | | |
| 3 | 삼 | 삼 | | | | | | | |
| 4 | 사 | 사 | | | | | | | |
| 5 | 오 | 오 | | | | | | | |
| 6 | 육 | 육 | | | | | | | |
| 7 | 칠 | 칠 | | | | | | | |
| 8 | 팔 | 팔 | | | | | | | |
| 9 | 구 | 구 | | | | | | | |

| 10 | 십 | | 십 | | | | | |
|---|---|---|---|---|---|---|---|---|
| 20 | 이 | 십 | 이 | 십 | | | | |
| 30 | 삼 | 십 | 삼 | 십 | | | | |
| 40 | 사 | 십 | 사 | 십 | | | | |
| 50 | 오 | 십 | 오 | 십 | | | | |
| 60 | 육 | 십 | 육 | 십 | | | | |
| 70 | 칠 | 십 | 칠 | 십 | | | | |
| 80 | 팔 | 십 | 팔 | 십 | | | | |
| 90 | 구 | 십 | 구 | 십 | | | | |
| 100 | 백 | | 백 | | | | | |

# 한글 (2)

| | | |
|---|---|---|
| ㅐ | [æ] | 애 |
| ㅔ | [e] | 에 |
| ㅒ | [jæ] | 얘 |
| ㅖ | [je] | 예 |
| ㅙ | [wæ] | 왜 |
| ㅞ | [we] | 웨 |
| ㅚ | [ö/we] | 외 |
| ㅘ | [wa] | 와 |
| ㅝ | [wə] | 워 |
| ㅟ | [ü/wi] | 위 |
| ㅢ | [ɨi] | 의 |

| | ㅐ | ㅒ | ㅔ | ㅖ | ㅘ | ㅙ | ㅚ | ㅝ | ㅞ | ㅟ | ㅢ |
|---|---|---|---|---|---|---|---|---|---|---|---|
| ㄱ | | | | | | | | | | | |
| ㄴ | | | | | | | | | | | |
| ㄷ | | | | | | | | | | | |
| ㄹ | | | | | | | | | | | |
| ㅁ | | | | | | | | | | | |
| ㅂ | | | | | | | | | | | |
| ㅅ | | | | | | | | | | | |
| ㅇ | | | | | | | | | | | |
| ㅈ | | | | | | | | | | | |
| ㅊ | | | | | | | | | | | |
| ㅋ | | | | | | | | | | | |
| ㅌ | | | | | | | | | | | |
| ㅍ | | | | | | | | | | | |
| ㅎ | | | | | | | | | | | |

가위

개

시계

사과

의사

돼지

교회

쥐

게

귀

열쇠

계단

화장실

침대

세탁기

영화

배

매미

개미

의자

 쓰세요.

| | ㄱ | ㄴ | ㄷ | ㄹ | ㅁ | ㅂ | ㅅ | ㅇ | ㅈ | ㅊ | ㅋ | ㅌ | ㅍ | ㅎ |
|---|---|---|---|---|---|---|---|---|---|---|---|---|---|---|
| 개 | | | | | | | | | | | | | | |
| 걔 | | | | | | | | | | | | | | |
| 게 | | | | | | | | | | | | | | |
| 계 | | | | | | | | | | | | | | |
| 과 | | | | | | | | | | | | | | |
| 괘 | | | | | | | | | | | | | | |
| 괴 | | | | | | | | | | | | | | |
| 궈 | | | | | | | | | | | | | | |
| 궤 | | | | | | | | | | | | | | |
| 귀 | | | | | | | | | | | | | | |
| 긔 | | | | | | | | | | | | | | |

쓰세요.

| | | | | |
|---|---|---|---|---|
| 1. 시계 | | | | |
| 2. 얘기 | | | | |
| 3. 화장실 | | | | |
| 4. 선생님 | | | | |
| 5. 가위 | | | | |
| 6. 개 | | | | |
| 7. 사과 | | | | |
| 8. 엘리베이터 | | | | |
| 9. 에스컬레이터 | | | | |
| 10. 의자 | | | | |
| 11. 공책 | | | | |
| 12. 침대 | | | | |
| 13. 세탁기 | | | | |
| 14. 매미 | | | | |
| 15. 개미 | | | | |
| 16. 계단 | | | | |
| 17. 열쇠 | | | | |
| 18. 휴대 전화 | | | | |
| 19. 귀 | | | | |
| 20. 의사 | | | | |

# 한글 (3)

## (1) 예사소리, 거센소리, 된소리

| 예사소리 | | 거센소리(Aspirate) | | 된소리(Fortis) | |
|---|---|---|---|---|---|
| ㄱ | 가 | ㅋ | 카 | ㄲ | 까 |
| ㄷ | 다 | ㅌ | 타 | ㄸ | 따 |
| ㅂ | 바 | ㅍ | 파 | ㅃ | 빠 |
| ㅈ | 자 | ㅊ | 차 | ㅉ | 짜 |
| ㅅ | 사 | X | X | ㅆ | 싸 |

| | ㅏ | ㅑ | ㅓ | ㅕ | ㅗ | ㅛ | ㅜ | ㅠ | ㅡ | ㅣ |
|---|---|---|---|---|---|---|---|---|---|---|
| ㄲ | | | | | | | | | | |
| ㄸ | | | | | | | | | | |
| ㅃ | | | | | | | | | | |
| ㅆ | | | | | | | | | | |
| ㅉ | | | | | | | | | | |

| | ㅏ | ㅑ | ㅓ | ㅕ | ㅗ | ㅛ | ㅜ | ㅠ | ㅡ | ㅣ |
|---|---|---|---|---|---|---|---|---|---|---|
| ㅋ | | | | | | | | | | |
| ㅌ | | | | | | | | | | |
| ㅍ | | | | | | | | | | |
| ㅊ | | | | | | | | | | |

읽으세요.

메뚜기

까치

토끼

뿌리

찌개

빵

테니스

휴대 전화

딸기

텔레비전

프라이팬

쌍둥이

| | | | | |
|---|---|---|---|---|
| 1. 메뚜기 | | | | |
| 2. 까치 | | | | |
| 3. 토끼 | | | | |
| 4. 뿌리 | | | | |
| 5. 찌개 | | | | |
| 6. 딸기 | | | | |
| 7. 쌍둥이 | | | | |
| 8. 쌀 | | | | |
| 9. 딸 | | | | |
| 10. 색깔 | | | | |
| 11. 또 | | | | |
| 12. 오빠 | | | | |
| 13. 아빠 | | | | |
| 14. 싸움 | | | | |
| 15. 날씨 | | | | |
| 16. 쌈지 | | | | |
| 17. 쌍커풀 | | | | |
| 18. 딸꾹질 | | | | |
| 19. 짝사랑 | | | | |
| 20. 깍두기 | | | | |

# 3 한글 (3)

## (2) 겹받침 (Final Consonant)

| 받침<br>(Final consonant) | 발음<br>(Pronunciation) | 예<br>(example) |
|---|---|---|
| ㄱㅅ, ㄹㄱ, ㄲ | ㄱㅅ, ㄹㄱ, ㄲ | 갔, 갉, 갂 [각] |
| ㄴㅈ, ㄴㅎ | ㄴㅈ, ㄴㅎ | 갅, 갆 [간] |
| ㅅㅅ | ㅅㅅ | 갔, 갓 [갇] |
| ㄹㅂ, ㄹㅅ, ㄹㅌ, ㄹㅎ | ㄹㅂ, ㄹㅅ, ㄹㅌ, ㄹㅎ | 갋, 갌, 갍, 갏 [갈] |
| ㅂㅅ | ㅂㅅ | 값 [갑] |
| ㄹㅁ | ㄹㅁ | 갊 [감] |
| ㄹㅍ | ㄹㅍ | 갍 [갑] |
| 각 | [k] | 각, 갂, 갉, 갔, 갂 |
| 간 | [n] | 간, 갅, 갆 |
| 갇 | [t] | 갇, 갓, 갖, 갗, 같, 갛, 갔 |
| 갈 | [l] | 갈, 갋, 갌, 갏, |
| 감 | [m] | 감, 갊 |
| 갑 | [p] | 갑, 갚, 값, 갍 |
| 강 | [ng/ŋ] | 강 |

┌─────────────────────────────┐
│   ㅁ ㅓ                       │
│   ㄱ    어요     [머거요]       │
└─────────────────────────────┘

| | |
|---|---|
| 1. 먹어요 | [머거요] |
| 2. 앉으세요 | [안즈세요] |
| 3. 있어요 | [이써요/읻써요] |
| 4. 젊어요 | [절머요] |
| 5. 값이 | [갑씨] |
| 6. 읽으세요 | [일그세요] |
| 7. 갚아요 | [가파요] |
| 8. 읊어요 | [을퍼요] |
| 9. 넓어요 | [널버요] |
| 10. 삶아요 | [살마요] |
| 11. 좋아요 | [조아요](o), [조하요](x) |
| 12. 싫어요 | [시러요](o), [실허요](x) |
| 13. 많아요 | [마나요](o). [만하요](x) |

쓰세요.

| | | | | |
|---|---|---|---|---|
| 1. 닭 | | | | |
| 2. 값 | | | | |
| 3. 여덟 | | | | |
| 4. 몫 | | | | |
| 5. 맑다 | | | | |
| 6. 앉다 | | | | |
| 7. 얹다 | | | | |
| 8. 싫다 | | | | |
| 9. 읽다 | | | | |
| 10. 닮다 | | | | |
| 11. 넓다 | | | | |
| 12. 짧다 | | | | |
| 13. 넓어요 | | | | |
| 14. 없어요 | | | | |
| 15. 읽어요 | | | | |
| 16. 앉으세요 | | | | |
| 17. 읊어요 | | | | |
| 18. 믿어요 | | | | |
| 19. 들어요 | | | | |
| 20. 같아요 | | | | |

신체 용어

( )

( )

( )

( )

( )

( )

( )

( )

( )

( )

( )

( )

( )

( )

( )

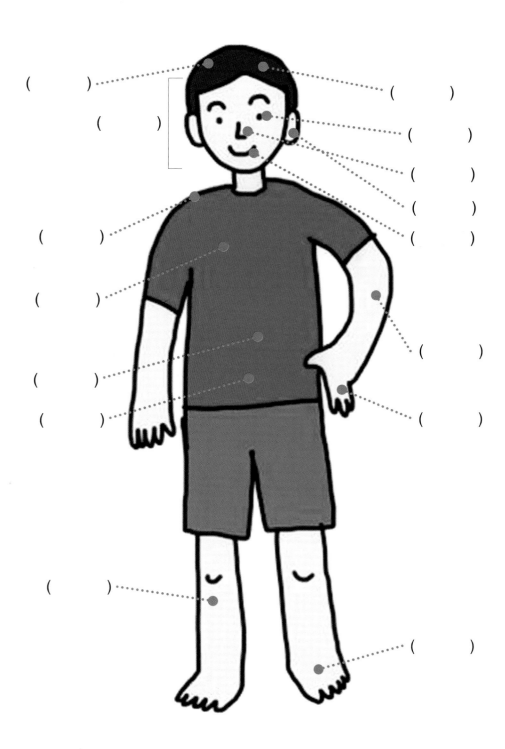

Student's Book

# 참
## 한국어 1

본문편

# 제1과 이것이 무엇입니까?

아래 그림을 보고 이야기합시다.

**새 단어**

| | |
|---|---|
| 이것 | 그것 |
| 저것 | 무엇 |
| 책 | 연필 |
| 가방 | 사과 |
| 안경 | 책상 |
| 칠판 | 신문 |
| 컵 | 모자 |
| 우산 | 빵 |
| 주스 | 구두 |
| 시계 | 커피 |
| 달력 | 라디오 |
| 휴대 전화 | 컴퓨터 |

다니엘    이것이 무엇입니까?

에리나    책입니다.

다니엘    저것이 무엇입니까?

에리나    연필입니다.

다니엘    그것이 가방입니까?

에리나    네, 가방입니다.

**본문을 읽고 대답해 보세요**

1. 이것이 무엇입니까?
2. 저것이 무엇입니까?
3. 그것이 가방입니까?

# 이것이 무엇입니까?

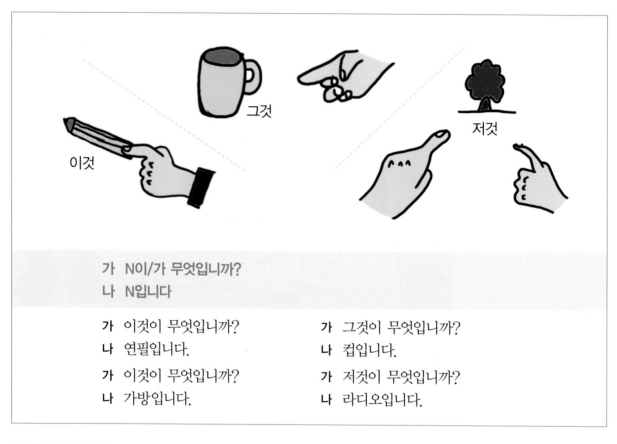

이것

그것

저것

가  N이/가 무엇입니까?
나  N입니다

가  이것이 무엇입니까?
나  연필입니다.

가  이것이 무엇입니까?
나  가방입니다.

가  그것이 무엇입니까?
나  컵입니다.

가  저것이 무엇입니까?
나  라디오입니다.

| N | 이/가 | | N | 이/가 |
|---|---|---|---|---|
| 이것 | | | 책상 | |
| 의자 | | | 칠판 | |
| 사과 | | | 컵 | |

| (이것) 이것이 무엇입니까? | (책) 책입니다. |
|---|---|
| (그것) | (컵) |
| (저것) | (모자) |
| (이것) | (연필) |
| (그것) | (컴퓨터) |
| (저것) | (텔레비전) |

**보기**

가 이것이 무엇입니까?
나 책입니다.

①

가 이것이 무엇입니까?
나 _____ .

②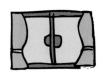

가 저것이 무엇입니까?
나 _____ .

③

가 그것이 무엇입니까?
나 _____ .

④

가 이것이 무엇입니까?
나 _____ .

⑤

가 그것이 무엇입니까?
나 _____ .

⑥

가 _____ ?
나 _____ .

| 가 이것이 책상입니까? | 가 이것이 책상입니까? |
|---|---|
| 나 네, 책상입니다. | 나 아니요, 책상이 아닙니다. 연필입니다. |

A 이것[그것, 저것]이 N입니까?
B 네, N입니다
　아니요, N이/가 아닙니다

| 가 이것이 책입니까? | 가 이것이 가방입니까? | 가 그것이 커피입니까? |
|---|---|---|
| 나 네, 책입니다. | 나 아니요, 가방이 아닙니다. 책입니다. | 나 네, 커피입니다. |

| | 이것이 N입니까? | 네, N입니다. | 아니요, N이/가 아닙니다. |
|---|---|---|---|
| 책 | 이것이 책입니까? | 네, 책입니다. | 아니요, 책이 아닙니다. |
| 빵 | | | |
| 주스 | | | |
| 시계 | | | |
| 안경 | | | |

| 보기 |  | **가** (컴퓨터) 이것이 컴퓨터입니까?<br>**나** (네) 네, 컴퓨터입니다.<br>(아니요) 아니요, 컴퓨터가 아닙니다.<br>휴대 전화입니다. |

❶
**가** 이것이 우산입니까?
**나** 네, _____ .

❷
**가** 그것이 칠판입니까?
**나** 네, _____ .

❸
**가** 그것이 연필입니까?
**나** 아니요, _____ .

_____ .

❹
**가** 이것이 문입니까?
**나** 아니요, _____ .

_____ .

❺
**가** 저것이 신문입니까?
**나** 아니요, _____ .

_____ .

❻
**가** (컵) _____ ?
**나** _____ .

❼
**가** (의자) _____ ?
**나** _____ .

_____ .

**1** 이것이 무엇입니까?

_____ 입니다.

**2** 그것이 무엇입니까?

_____ 입니다.

**3** 저것이 무엇입니까?

_____ 입니다.

**4** 이것이 책상입니까?

아니요, _____ 이/가 아닙니다.

**5** 이것이 시계입니까?

네, _____ 입니다.

**6** 그것이 창문입니까?

_____ .

**7** 그것이 책입니까?

_____ .

이게[그게, 저게] 뭐예요?

이것이 무엇입니까? → 이게 뭐예요?

그것이 무엇입니까? → 그게 뭐예요?

저것이 무엇입니까? → 저게 뭐예요?

이게 뭐예요?

→ 책입니다.

저게 뭐예요?

→ 가방입니다.

그게 뭐예요?

→ 휴대 전화입니다.

 듣고 말하기 다음을 듣고 알맞게 연결하세요.

 ❶          •

 ❷          •

 ❸          •

❹          •

# 만나서 반갑습니다

Track3

아래 그림을 보고 이야기합시다.

**새 단어**

| | |
|---|---|
| 저 | 밥 |
| 물 | 이름 |
| 한국 | 김밥 |
| 직업 | 나라 |
| 학생 | 남자 |
| 여자 | 선생님 |
| 중국 사람 | 자기소개 |
| 공부하다 | |

**본문을 읽고 대답해 보세요**

1. 지훈 씨는 한국 사람입니까?
2. 묘묘 씨는 미국 사람입니까?
3. 묘묘 씨는 선생님입니까?
4. 묘묘 씨는 무엇을 공부합니까?

지 훈    안녕하세요? 제 이름은 김지훈입니다.

묘 묘    안녕하세요? 저는 묘묘입니다.

　　　　만나서 반갑습니다. 지훈 씨, 한국 사람입니까?

지 훈    네, 저는 한국 사람입니다.

묘 묘    저는 중국 사람입니다.

　　　　저는 한국어를 공부합니다.

N은/는 N입니다

저는 학생입니다.
왕홍 씨는 중국 사람입니다.
최준영 씨는 선생님입니다.
제(=저의) 이름은 에리나입니다.

| N | 은/는 |
|---|---|
| 사과 | |
| 에리나 씨 | |
| 컴퓨터 | |
| 이름 | |
| 한국 | |

**▌보기▐**

(저/왕홍) 저는 왕홍입니다.

① (선생님/한국 사람) _____ .

② (저/학생) _____ .

③ (제니 씨/미국 사람) _____ .

**▌보기▐**

가　중국 사람입니까?

나　(한국 사람) 아니요, 중국 사람이 아닙니다.
　　저는 한국 사람입니다

① 가　선생님입니까?

　　나　(학생) _____ .

　　　　_____ .

② 가　영국 사람입니까?

　　나　(미국 사람) _____ .

　　　　_____ .

③ 가　한국 사람입니까?

　　나　(중국 사람) _____ .

　　　　_____ .

④ 가　의사입니까?

　　나　(회사원) _____ .

　　　　_____ .

[보기]와 같이 쓰세요.

| 보기 |

이름 : 김지훈
직업 : 학생
성별 : 남자
나라 : 한국

안녕하세요, 제 이름은 김지훈입니다.
만나서 반갑습니다.
저는 학생입니다. 남자입니다.
저는 한국 사람입니다.

①
이름 : 제니
직업 : 선생님
성별 : 여자
나라 : 미국

②
이름 : 왕홍
직업 : 의사
성별 : 남자
나라 : 중국

③
이름 : 흐엉
직업 : 회사원
성별 : 여자
나라 : 베트남

④
이름 :
직업 :
성별 :
나라 :

# 저는 한국어를 공부합니다

저는 책을 읽습니다.

| N은/는 N을/를 V-ㅂ니다/습니다 | N은/는 N을/를 V-ㅂ니까?/습니까? |
|---|---|
| 저는 한국어를 공부합니다.<br>다니엘은 커피를 마십니다. | 테츠야 씨는 빵을 먹습니까?<br>제시카 씨는 컴퓨터를 합니까? |

| V | V-ㅂ니다/습니다 | V-ㅂ니까?/습니까? |
|---|---|---|
| 먹다 | | |
| 읽다 | | |
| 듣다 | | |
| 보다 | | |
| 사다 | | |
| 마시다 | | |

1. 마이클 씨는  친구( 을 /(를)) 만납니다.

    선생님( 을 / 를 )

    마리 씨( 을 / 를 )

    왕홍 ( 을 / 를 )

2. 흐엉 씨는  밥( 을 / 를 ) 먹습니다.

    고기( 을 / 를 )

    사과( 을 / 를 )

    빵( 을 / 를 )

┃보기┃

(사과)

❶

(커피)

❷

(책)

❸

(텔레비전)

❹

(영어)

(읽다)

(보다)

(마시다)

(먹다)

(가르치다)

사과를 먹습니다.

[보기]와 같이 쓰세요.

┃보기┃

먹다    보다    가르치다    읽다    마시다    사다

①

저는 사과를 삽니다 _____ . (사과)

②

_____ . (밥)

③

_____ . (커피)

④

_____ . (책)

⑤

_____ . (한국어)

⑥

_____ . (영화)

[보기]와 같이 쓰세요.

**│ 보기 │**

**가** (무엇, 마시다) 무엇을 마십니까?
**나** 물을 마십니다.

❶

**가** (무엇, 먹다) _____ ?
**나** (빵) _____ .

❷

**가** (무엇, 보다) _____ ?
**나** (텔레비전) _____ .

❸

**가** (무엇, 사다) _____ ?
**나** (김밥) _____ .

❹

**가** (무엇, 공부하다) _____ ?
**나** (한국어) _____ .

## 한 걸음 더!

### N 씨

제니 씨는 사과를 삽니다.
흐엉 씨는 베트남 사람입니까?
왕홍 씨는 중국 학생입니다.

---

### N 사람

한국 사람
미국 사람입니다.
저는 프랑스 사람입니다.

---

### N(의) N

친구(의) 가방
선생님(의) 책

✚ 나의 N (=내 N)
저의 N (=제 N)

저의 이름
나의 연필

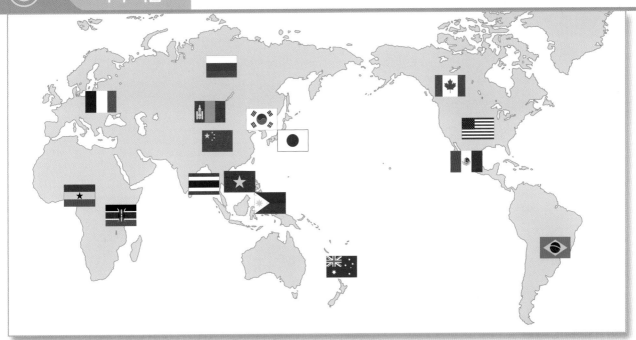

한국

미국

몽골

중국

일본

베트남

프랑스

호주

가나

필리핀

러시아

태국

캐나다

멕시코

브라질

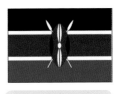

케냐

| 이름 | 프랑스 | 한국어 | 반갑습니다 |
|---|---|---|---|

안녕하세요? 만나서 _____ .

제 _____ 은/는 벤자민입니다.

저는 _____ 사람입니다. 학생입니다.

_____ 을/를 공부합니다.

1   묘묘   •

2   제니   •

3   민지   •

4   에리나  •

5   지훈   •

**동사**

| | | | |
|---|---|---|---|
| 먹다 | 마시다 | 보다 | 사다 |
| 읽다 | 쓰다 | 배우다 | 가르치다 |
| 만나다 | 쉬다 | 주다 | 듣다 |
| 자다 | 타다 | 기다리다 | 운동하다 |
| 공부하다 | 노래하다 | 이야기하다 | 시작하다 |

Track5

아래 그림을 보고 이야기합시다.

**새 단어**

| | |
|---|---|
| 학교 | 어디 |
| 명동 | 우유 |
| 신촌 | 친구 |
| 교실 | 집 |
| 백화점 | 도서관 |
| 쇼핑(하다) | 바나나 |

**본문을 읽고 대답해 보세요**

1. 왕홍 씨는 어디에 갑니까?
2. 에리나 씨는 무엇을 합니까?
3. 지훈 씨도 명동에 갑니까?

에리나    안녕하세요? 왕홍 씨, 학교에 갑니까?

왕 홍    아니요, 학교에 가지 않습니다. 도서관에 갑니다.

        에리나 씨는 어디에 갑니까?

에리나    저는 명동에 갑니다. 쇼핑을 합니다.

왕 홍    지훈 씨도 명동에 갑니까?

에리나    아니요, 지훈 씨는 명동에 안 갑니다.

        신촌에 갑니다.

학교에 갑니다.                집에 옵니다.

N은/는 N에 갑니다/갑니까?        N은/는 N에 옵니다/옵니까?

왕홍 씨는 어디에 갑니까?        에리나 씨는 학교에 옵니까?
왕홍 씨는 백화점에 갑니다.        에리나 씨는 학교에 옵니다.

 백화점 → _____ .

 (      ) → _____ .

 (      ) → _____ .

 (      ) → _____ .

**┃보기┃**

가  어디에 갑니까?

나  저는 학교에 갑니다. (학교)

① 가  어디에 갑니까?

    나 _____. (식당)

② 가  어디에 갑니까?

    나 _____. (백화점)

③ 가  어디에 갑니까?

    나 _____. (영화관)

④ 가  어디에 갑니까?

    나 _____. (커피숍)

⑤ 가  어디에 갑니까?

    나 _____. (집)

⑥ 가  어디에 갑니까?

    나 _____. (화장실)

# 책을 읽지 않습니다

저는 책을 읽습니다.

저는 책을 읽지 않습니다.

### V-지 않습니다

저는 밥을 먹지 않습니다.
승기 씨는 한국어를 가르치지 않습니다.
나는 친구를 만나지 않습니다.
커피를 마시지 않습니다.

| V | V-지 않습니다 |
|---|---|
| 가다 | |
| 읽다 | |
| 먹다 | |
| 만나다 | |

┃**보기**┃

가  밥을 먹습니까? (밥, 먹다)
나  아니요, 밥을 먹지 않습니다.

❶

가  집에 갑니까? (집, 가다)
나  아니요, _____ .

❷

가  우유를 마십니까? (우유, 마시다)
나  아니요, _____ .

❸

가  _____ ? (영어, 배우다)
나  아니요, _____ .

❹

가  _____ ? (사과, 사다)
나  아니요, _____ .

┃보기┃

가 학교에 갑니까?
나 아니요, (학교에 가지 않습니다.)
　　(도서관에 갑니다.)

❶

가 커피숍에 갑니까?
나 아니요, _____ .
　　　　_____ .

❷

가 바나나를 먹습니까?
나 아니요, _____ .
　　　　_____ .

❸

가 한국어를 공부합니까?
나 아니요, _____ .
　　　　_____ .

❹

가 선생님을 만납니까?
나 아니요, _____ .
　　　　_____ .

저는 책을 읽습니다.　　　　　　　책을 안 읽습니다.

안 V

저는 밥을 안 먹습니다.
제니 씨는 한국어를 안 가르칩니다.
나는 친구를 안 만납니다.
저는 일본어를 공부 안 합니다.

| V | 안 V |
|---|---|
| 먹다 | |
| 만나다 | |
| 배우다 | |
| 읽다 | |
| 노래하다 | |
| 운동하다 | |

**보기**

가 공부합니까?
나 아니요, 공부 안 합니다.
　텔레비전을 봅니다.

①

가 한국어를 공부합니까?
나 _____ .

　_____ .

②

가 영어를 가르칩니까?
나 _____ .

　_____ .

③

가 집에 갑니까?
나 _____ .

　_____ .

④

가 밥을 먹습니까?
나 _____ .

　_____ .

⑤

가 수영을 합니까?
나 _____ .

　_____ .

N도

제니 씨는 학교에 갑니다.
흐엉 씨도 학교에 갑니다.

지훈 씨는 커피를 마십니다.
저도 커피를 마십니다.

왕홍 씨는 한국어를 배웁니다.
다니엘 씨도 한국어를 배웁니다.

N(을/를) 하다

저는 한국어(를) 공부합니다.
제니 씨, 운동(을) 합니까?

읽고 말하기    읽고 답하세요.

안녕하세요, 제 이름은 마르코입니다. 저는 브라질 사람입니다.
저는 학생입니다. 한국어를 공부합니다.
제 친구의 이름은 제니입니다.
제니 씨는 미국 사람입니다. 영어를 가르칩니다. 선생님입니다.

① 제 이름은 무엇입니까?

② 저의 친구는 한국 사람입니까?

③ 제니 씨는 무엇을 가르칩니까?

새 단어

노래하다
수영하다

| | | | |
|---|---|---|---|
| 학교 | 교실 | 도서관 | 식당 |
| 백화점 | 커피숍 | 영화관 | 마트 |
| 시장 | 서점 | 은행 | 병원 |
| 약국 | 수영장 | 집 | 화장실 |
| 지하철역 | 버스 정류장 | | |

# 제4과 여기가 어디입니까?

Track7

아래 그림을 보고 이야기합시다.

**새 단어**

| | |
|---|---|
| 여기 | 버스 |
| 거기 | 저기 |
| 과일 | 영화 |
| 서점 | 중학교 |
| 숙제(하다) | 고등학교 |
| 한국어학당 | 극장 |

**본문을 읽고 대답해 보세요**

1. 여기가 어디입니까?
2. 벤자민 씨는 무엇을 합니까?
3. 서윤 씨는 무엇을 합니까?

서 윤   여기가 어디입니까?

벤자민   한국어학당입니다.

서 윤   한국어학당에서 무엇을 합니까?

벤자민   한국어를 배웁니다.

　　　　서윤 씨는 무엇을 합니까?

서 윤   저는 중학교에서 영어를 가르칩니다.

**가** 여기가 어디입니까?
**나** 교실입니다.

**가** 여기[거기, 저기]가 어디입니까?
**나** N입니다

| | |
|---|---|
| **가** 여기가 어디입니까? | **가** 여기가 어디입니까? |
| **나** 집입니다. | **나** 교실입니다. |

**가** 여기[거기, 저기]가 N입니까?
**나** 네, N입니다
　 아니요, N이/가 아닙니다

| | |
|---|---|
| **가** 여기가 한국입니까? | **가** 여기가 교실입니까? |
| **나** 네, 한국입니다. | **나** 아니요, 교실이 아닙니다. |
| **가** 여기가 백화점입니까? | 　 식당입니다. |
| **나** 네, 백화점입니다. | |

┃보기┃

가 여기가 어디입니까?
나 한국어학당입니다.

①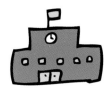
가 여기가 어디입니까?
나 _____ .

②
가 여기가 어디입니까?
나 _____ .

③
가 여기가 어디입니까?
나 _____ .

④
가 여기가 어디입니까?
나 _____ .

⑤
가 여기가 어디입니까?
나 _____ .

⑥
가 여기가 어디입니까?
나 _____ .

[보기]와 같이 쓰세요.

┃ 보기 ┃

가 여기가 한국입니까?
나 네, 한국입니다.

❶

가 여기가 식당입니까?
나 _____ .

❷

가 여기가 커피숍입니까?
나 _____ .

❸

가 여기가 학교입니까?
나 _____ .

┃ 보기 ┃

가 여기가 백화점입니까?
나 아니요, 백화점이 아닙니다.
　　도서관입니다.

❶

가 여기가 교실입니까?
나 _____ .

❷

가 여기가 약국입니까?
나 _____ .

❸

가 여기가 시장입니까?
나 _____ .

식당에서 밥을 먹습니다.

N에서 N을/를 V-ㅂ니다/습니다

저는 도서관에서 책을 읽습니다.
에리나 씨는 시장에서 과일을 삽니다.
나는 대학교에서 한국어를 공부합니다.
다니엘 씨는 커피숍에서 커피를 마십니다.

1. 서점(( 에 ), 에서 ) 갑니다. 책을 삽니다.

2. 버스정류장( 에 , 에서 ) 버스를 기다립니다.

3. 저는 학교( 에 , 에서 ) 한국어를 배웁니다. 선생님은 한국어를 가르칩니다.

4. 친구를 만납니다. 영화관( 에 , 에서 ) 영화를 봅니다.

5. 다니엘 씨가 학교( 에 , 에서 ) 옵니다. 일본어를 배웁니다.

6. 커피숍( 에 , 에서 ) 갑니다. 커피를 마십니다.

| 보기 |

가 어디에서 한국어를 공부합니까?
나 저는 한국어학당에서 한국어를 공부합니다.

❶
가 어디에서 책을 읽습니까?
나 _____ .

❷
가 어디에서 바나나를 삽니까?
나 _____ .

❸
가 어디에서 숙제를 합니까?
나 _____ .

❹
가 어디에서 밥을 먹습니까?
나 _____ .

❺
가 어디에서 텔레비전을 봅니까?
나 _____ .

❻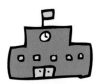
가 어디에서 영어를 가르칩니까?
나 _____ .

❼
가 어디에서 커피를 마십니까?
나 _____ .

❽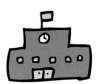
가 어디에서 한국어를 배웁니까?
나 _____ .

| 보기 |

가  여기에서 무엇을 합니까?
나  우유를 삽니다.

❶

가  여기에서 무엇을 합니까?
나 _____ .

❷

가  여기에서 무엇을 합니까?
나 _____ .

❸

가  여기에서 무엇을 합니까?
나 _____ .

❹

가  여기에서 무엇을 합니까?
나 _____ .

❺

가  여기에서 무엇을 합니까?
나 _____ .

❻

가  여기에서 무엇을 합니까?
나 _____ .

❼

가  여기에서 무엇을 합니까?
나 _____ .

다음을 읽고 질문에 답하세요.

지훈 씨는 한국 사람입니다. 대학생입니다.
수영장에 갑니다. 수영장에서 수영을 배웁니다.
에리나 씨는 일본 사람입니다. 일본어 선생님입니다.
도서관에 갑니다. 도서관에서 한국어를 공부합니다.
흐엉 씨는 베트남 사람입니다. 한국에서 한국어를 배웁니다.
명동에 갑니다. 명동에서 영화를 봅니다.

**새 단어**

대학생
수영장
대학교

**1** 맞으면 O, 틀리면 X 하세요.

① 지훈 씨는 한국 사람입니다. ································· ☐

② 에리나 씨는 일본어를 배웁니다. ····················· ☐

③ 지훈 씨는 대학교에서 공부합니다. ·················· ☐

④ 흐엉 씨는 명동에서 한국어를 배웁니다. ············· ☐

**2** 다음을 읽고 빈칸에 알맞은 말을 쓰세요.

오늘 지훈 씨는 _____ 에서 수영을 배웁니다.

에리나 씨는 _____ 에서 한국어를 공부합니다.

흐엉 씨는 _____ 에서 영화를 봅니다.

Track8 **듣고 말하기** [❶~❹] 다음을 듣고 알맞은 그림에 연결하세요.

❶ •

**새 단어**

비행기
공항

❷ •

❸ •

❹ •

 Track8 **듣고 말하기** [❺~❼] 알맞은 그림을 찾으세요.

❺ ①

②
③

❻ ①
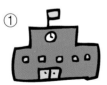
②
③

❼ ①

②
③

# 제5과 무엇을 하십니까?

Track9

아래 그림을 보고 이야기합시다.

**새 단어**

| | |
|---|---|
| 월 | 일 |
| 주말 | 공원 |
| 방학 | 고향 |
| 언제 | 요일 |
| 평일 | 어제 |
| 오늘 | 내일 |
| 모레 | 그저께 |
| 이번 주 | 다음 주 |
| 생일 | |

월/화/수/목/금/토/일

**본문을 읽고 대답해 보세요**

1. 제니 씨는 주말에 무엇을 하십니까?
2. 왕홍 씨는 어디에 가십니까?
3. 제니 씨는 방학에 어디에 가십니까?
4. 방학이 언제입니까?

| | |
|---|---|
| 제 니 | 저는 주말에 극장에 갑니다. 왕홍 씨는 무엇을 하십니까? |
| 왕 홍 | 저는 공원에 갑니다. |
| 제 니 | 공원에서 무엇을 하십니까? |
| 왕 홍 | 운동을 합니다. 제니 씨는 방학에 무엇을 하십니까? |
| 제 니 | 고향에 갑니다. |
| 왕 홍 | 방학이 몇 월 며칠입니까? |
| 제 니 | 10월 19일입니다. |

# 월요일에 무엇을 합니까?

월요일에 학교에 갑니다.

N에

주말에 친구를 만납니다.

무슨 요일에 명동에 갑니까?
화요일에 명동에 갑니다.

이번 주에 운동을 하지 않습니다.

| 1월 | 2월 | 3월 | 4월 | 5월 | 6월 |
|---|---|---|---|---|---|
| 일월 | 이월 | 삼월 | 사월 | 오월 | 유월 |
| **7월** | **8월** | **9월** | **10월** | **11월** | **12월** |
| 칠월 | 팔월 | 구월 | 시월 | 십일월 | 십이월 |

| 3월 | 평일 | | | | | 주말 | |
|---|---|---|---|---|---|---|---|
| | 월요일 | 화요일 | 수요일 | 목요일 | 금요일 | 토요일 | 일요일 |
| | | | | 1 | 2 | 3 | 4 |
| 지난주 | 5 | 6 | 7 | 8 | 9 | 10 | 11 |
| 이번 주 | 12 | 13<br>그저께 | 14<br>어제 | 15<br>오늘 | 16<br>내일 | 17<br>모레 | 18 |
| 다음 주 | 19 | 20 | 21 | 22 | 23 | 24 | 25 |
| | 26 | 27 | 28 | 29 | 30 | 31 | |

[보기]와 같이 쓰세요.

**│보기│**

> **가** 무슨 요일에 학교에 갑니까?
>
> **나** (월요일) 월요일에 학교에 갑니다.

① **가** 몇 월 며칠에 미국에 갑니까?

  **나** (6월 17일) _____ .

② **가** 몇 월 며칠에 고향에 갑니까?

  **나** (10월 22일) _____ .

③ **가** 언제 친구를 만납니까?

  **나** (3월 28일) _____ .

④ **가** 무슨 요일에 수영을 배웁니까?

  **나** (월요일) _____ .

⑤ **가** 무슨 요일에 학교에 갑니까?

  **나** (수요일) _____ .

⑥ **가** 언제 집에서 쉽니까?

  **나** (주말) _____ .

⑦ **가** 언제 가방을 삽니까?

  **나** (오늘) _____ .

# 어머니는 책을 읽으십니다

친구는 책을 읽습니다.　　　　　　어머니는 책을 읽으십니다.

## V-(으)십니다 / V-(으)십니까?

가　선생님은 한국어를 가르치십니까?
나　네, 선생님은 한국어를 가르치십니다.

가　제니 씨는 책을 읽으십니까?
나　네, 제니 씨는 책을 읽으십니다.

가　어머니는 무엇을 드십니까?
나　커피를 드십니다.

가　선생님은 교실에 가십니까?
나　네, 저는 교실에 갑니다.

┃보기┃

가  지훈 씨는 숙제를 하십니까?

나  지훈 씨는 숙제를 하십니다.

①

가  선생님은 무엇을 가르치십니까?

나  선생님은 _____.

②

가  벤자민 씨는 무엇을 보십니까?

나  벤자민 씨는 _____.

③

가  흐엉 씨는 무엇을 드십니까?

나  흐엉 씨는 _____.

④

가  테츠야 씨는 어디에 가십니까?

나  테츠야 씨는 _____.

⑤

가  어머니는 무엇을 읽으십니까?

나  어머니는 _____.

┃보기┃

**가** 벤자민 씨, 무엇을 하십니까?
**나** 저는 숙제를 합니다.

❶

**가** 흐엉 씨, 무엇을 배우십니까?
**나** 저는 _____ .

❷

**가** 벤자민 씨, 무엇을 드십니까?
**나** 저는 _____ .

❸

**가** 벤자민 씨, 무엇을 보십니까?
**나** 저는 _____ .

❹

**가** 선생님, 무엇을 가르치십니까?
**나** 저는 _____ .

❺

**가** 벤자민 씨, 어디에 가십니까?
**나** 저는 _____ .

### 언제

언제 한국에 갑니까?

→ 6월 21일에 갑니다.

생일이 언제입니까?

제니 씨를 언제 만납니까?

### 몇 월 며칠입니까?

내일이 몇 월 며칠입니까?

→ 3월 16일입니다.

오늘은 며칠입니까?

→ 12월 31일입니다.

### 무슨 요일입니까?

오늘은 무슨 요일입니까?

→ 목요일입니다.

무슨 요일에 학교에 갑니까?

→ 월요일에 학교에 갑니다.

무슨 요일에 집에서 쉽니까?

→ 토요일에 집에서 쉽니다.

빈칸에 알맞은 단어를 쓰세요.

| ❶ 월요일 | ❷ | ❸ 수요일 | ❹ 목요일 | ❺ | ❻ | ❼ 일요일 |
|---|---|---|---|---|---|---|
| 책을<br>읽다 | 친구를<br>만나다 | 수영을<br>배우다 | 빵을<br>먹다 | 중국어를<br>가르치다 | 집에서<br>쉬다 | 영화를<br>보다 |

선생님은 무엇을 하십니까?

❶ 월요일 　① 월요일에 책을 읽으십니다.


❷ (　　) 　② _____ .


❸ 수요일 　③ _____ .


❹ 목요일 　④ _____ .


❺ (　　) 　⑤ _____ .


❻ (　　) 　⑥ _____ .


❼ 일요일 　⑦ _____ .

**①** 오늘은 몇 월 며칠입니까?

_____ 월 _____ 일

새 단어

회사

**②** 다니엘 씨 생일은 몇 월 며칠입니까?

_____ 월 _____ 일

**③** 무슨 요일에 회사에 안 갑니까?

① 월요일      ② 금요일      ③ 토요일      ④ 목요일

**④** 주말에 어디에 갑니까?

① 시장      ② 학교      ③ 커피숍      ④ 영화관

**⑤** 어머니는 무슨 요일에 한국에 오십니까?

① 화요일      ② 목요일      ③ 일요일      ④ 수요일

# 오늘은 날씨가 좋습니다

**Track11**

아래 그림을 보고 이야기합시다.

### 새 단어

| | |
|---|---|
| 옷 | 날씨 |
| 좋다 | 도쿄 |
| 런던 | 파리 |
| 서울 | 뉴욕 |
| 베이징 | 어떻다 |
| 흐리다 | 김치 |
| 비가 오다 | |

서 윤     오늘은 날씨가 어떻습니까?

다니엘     날씨가 좋습니다.

서 윤     내일도 날씨가 좋습니까?

다니엘     아니요, 내일은 날씨가 좋지 않습니다. 비가 옵니다.

서 윤     토요일과 일요일에도 비가 옵니까?

다니엘     아니요, 토요일과 일요일에는 비가 오지 않습니다.

### 본문을 읽고 대답해 보세요

1. 오늘은 날씨가 어떻습니까?
2. 내일은 비가 옵니까?
3. 주말에도 비가 옵니까?

# 오늘은 날씨가 어떻습니까?

오늘은 날씨가 어떻습니까?

따뜻합니다.

A  N이/가 A-ㅂ니까/습니까?
B  네, N이/가 A-ㅂ니다/습니다

가  오늘은 날씨가 좋습니까?
나  네, 날씨가 좋습니다.

가  도서관이 조용합니까?
나  네, 도서관이 조용합니다.

A  N 이/가 어떻습니까?
B  N이/가 A-ㅂ니다/습니다

가  요즘 날씨가 어떻습니까?
나  날씨가 춥습니다.

가  한국어가 어떻습니까?
나  한국어가 재미있습니다.

| 기본형 | -ㅂ니다 / -습니다 | -ㅂ니까? / -습니까? |
|---|---|---|
| 나쁘다 | | |
| 따뜻하다 | | |
| 좋다 | | |
| 쉽다 | | |

**보기**

가 겨울은 날씨가 어떻습니까?
나 춥습니다. _____ (춥다)

① 가 가방이 어떻습니까?
나 _____. (좋다)

② 가 친구가 어떻습니까?
나 _____. (나쁘다)

③ 가 집이 어떻습니까?
나 _____. (따뜻하다)

④ 가 김치가 어떻습니까?
나 _____. (맛있다)

⑤ 가 날씨가 어떻습니까?
나 _____. (비가 오다)

⑥ 가 한국어 공부가 어떻습니까?
나 _____. (재미있다)

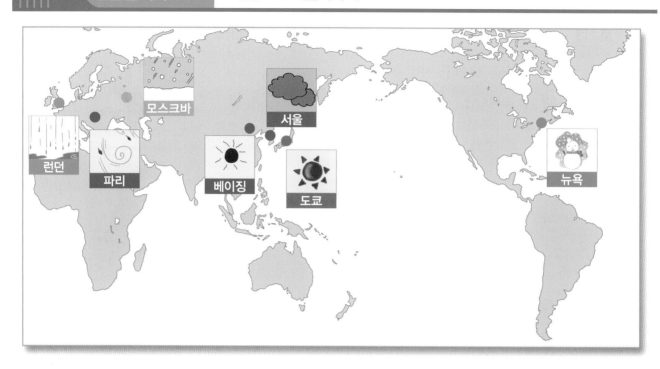

① 서울은 날씨가 어떻습니까?

_____ .

② 도쿄는 날씨가 어떻습니까?

_____ .

③ 뉴욕은 날씨가 어떻습니까?

_____ .

④ 런던은 날씨가 어떻습니까?

_____ .

⑤ 파리는 날씨가 어떻습니까?

_____ .

⑥ 모스크바는 날씨가 어떻습니까?

_____ .

⑦ 베이징은 날씨가 어떻습니까?

_____ .

# 내일은 날씨가 좋지 않습니다

날씨가 춥습니다.

날씨가 춥지 않습니다.

**N이/가 A-지 않습니다**

교실이 덥지 않습니다.
옷이 비싸지 않습니다.
한국어가 어렵지 않습니다.
날씨가 흐리지 않습니다.

┃보기┃

가 날씨가 좋습니까?
나 아니요, 좋지 않습니다.

①

가 가방이 쌉니까?
나 _____ .

② 

가 한국 음식이 맛있습니까?
나 _____ .

③

가 한국은 날씨가 따뜻합니까?
나 _____ .

④ 

가 한국 영화가 재미있습니까?
나 _____ .

⑤

가 영어가 어렵습니까?
나 _____ .

⑥

가 집이 조용합니까?
나 _____ .

### N에도

월요일에 학교에 갑니다.
화요일에도 학교에 갑니다.

평일에 도서관에서 공부를 합니다.
주말에도 도서관에서 공부를 합니다.

토요일에 집에서 쉽니다.
일요일에도 집에서 쉽니다.

### N에는

금요일에 학교에 갑니다.
토요일에는 학교에 가지 않습니다.

주말에 집에서 쉽니다.
평일에는 도서관에 갑니다.

토요일에 영화를 봅니다.
일요일에는 영화를 보지 않습니다.

### N와/과 N

사과와 바나나가 좋습니다.
나는 한국어와 중국어를 배웁니다.
목요일과 금요일에 학교에 갑니다.

다음을 읽고 답하세요.

요코 씨, 안녕하십니까?

저는 지금 제주도입니다. 제주도는 제 고향입니다.

여기는 한라산과 바다가 아름답습니다.

귤과 돼지고기가 맛있습니다.

제주도는 날씨가 아주 따뜻합니다.

요코 씨, 일본 날씨는 어떻습니까?

3월 28일

이승기

**새 단어**

| | |
|---|---|
| 귤 | 아주 |
| 바다 | 편지 |
| 일기 | 소설 |
| 겨울 | 음식 |
| 한라산 | 지금 |
| 아름답다 | 돼지고기 |
| 제주도 | |

**1** 이 글은 무엇입니까?

① 편지          ② 일기          ③ 소설

**2** 승기 씨의 고향이 어디입니까?

_____ .

**3** 맞으면 O, 틀리면 X 하세요.

① 요코 씨는 지금 일본입니다.          (    )

② 지금은 겨울입니다.          (    )

③ 승기 씨의 고향은 제주도입니다.          (    )

**4** ① 제주도 날씨가 어떻습니까?

_____ .

② 제주도 음식은 무엇이 맛있습니까?

_____ .

❶ ① 　② 　③ 　④

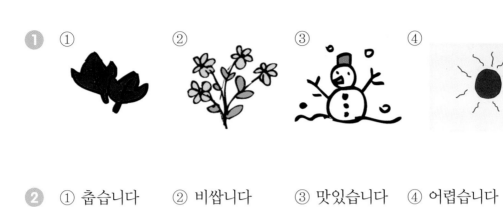

❷ ① 춥습니다　　② 비쌉니다　　③ 맛있습니다　　④ 어렵습니다

❸ ① 맵습니다　　② 재미없습니다　　③ 어렵습니다　　④ 따뜻합니다

❹ ① 덥습니다　　② 흐립니다　　③ 맛없습니다　　④ 재미있습니다

❺ 듣고 맞으면 O, 틀리면 X 하세요.

① 한국어가 재미있습니다.　　　　　　　( 　　)

② 한국어가 쉽습니다.　　　　　　　　　( 　　)

③ 영어가 어렵지 않습니다.　　　　　　　( 　　)

춥다

덥다

쉽다

어렵다

좋다

나쁘다

예쁘다

멋있다

조용하다

시끄럽다

흐리다

맑다

싸다

비싸다

재미있다

재미없다

맛있다

맛없다

같다

다르다

# 토요일에 무엇을 해요?

Track13

아래 그림을 보고 이야기합시다.

**본문을 읽고 대답해 보세요**

1. 다니엘 씨는 어디에
   갑니까?
2. 누구와 같이 갑니까?
3. 제니 씨는 토요일에
   무엇을 합니까?
4. 제니 씨의 친구는 어느
   나라 사람입니까?

| | |
|---|---|
| 제 니 | 다니엘 씨, 지금 어디에 가요? |
| 다니엘 | 제주도에 가요. |
| 제 니 | 제주도에 혼자 가요? |
| 다니엘 | 아니요, 혼자 가지 않아요. 벤자민 씨도 같이 가요. |
| | 제니 씨는 토요일에 무엇을 해요? |
| 제 니 | 집에서 친구와 같이 한국어를 공부해요. |
| 다니엘 | 친구도 한국어를 배워요? |
| 제 니 | 네, 제 친구는 베트남 사람이에요. 아주 재미있어요. |

# 우리는 제주도에 가요

우리는 제주도에 갑니다.　　　　　　　　우리는 제주도에 가요.

A/V-아/어요
A/V-지 않아요

제니 씨는 사과를 먹어요.　　　　　　매일 운동 안 해요.
선생님은 커피를 마시지 않아요.　　　교실이 조용하지 않아요.
한국 노래가 아주 좋아요.

| | A/V-아요/어요 | A/V-지 않아요 | 안 A/V-아요/어요 |
|---|---|---|---|
| 만나다 | | | |
| 오다 | | | |
| 앉다 | | | |
| 읽다 | | | |
| 가르치다 | | | |
| 운동하다 | | | |
| 비싸다 | | | |
| *맛있다 | | | |

**┃보기┃**

만나다    쉬다    가르치다    읽다    따뜻하다    하다

❶ 저는 커피숍에서 친구를 _____ .

❷ 매일 친구와 같이 한국어 숙제를 _____ .

❸ 오늘은 날씨가 아주 _____ .

❹ 아침에 신문을 _____ .

❺ 일요일에 집에서 _____ .

❻ **가** 학교에서 무엇을 _____ ?

     **나** 일본어를 _____ .

**보기**

가  제니 씨, 월요일에 학교에 가요?

나  네, 학교에 가요.

①

가  지훈 씨, 지금 무엇을 _____? (먹다)

나  라면을 _____.

②

가  토요일에 무엇을 _____? (하다)

나  친구를 _____. (만나다)

③

가  테츠야 씨, 술을 _____? (마시다)

나  아니요, 저는 술을 _____.

④

가  지금 _____? (운동하다)

나  아니요, _____.

⑤

가  호주는 날씨가 따뜻해요?

나  _____. (따뜻하다)

# 저는 한국 사람이에요

저는 한국 사람이에요.

저는 선생님이 아니에요.

**N이에요/예요**
**N이/가 아니에요**

저는 한국어 선생님이에요.
여기는 교실이 아니에요.
이것은 사과가 아니에요, 포도예요.
승기 씨는 제 한국 친구예요.
한국 음식이에요. 아주 맛있어요.

┃보기┃

 저는 학생( (이에요)/ 예요 ).

①  이것이 바나나( 이에요 / 예요 ).

②  제 이름은 마이클( 이에요 / 예요 ).

③  여기가 중학교( 이에요 / 예요 ).

④  오늘은 월요일( 이에요 / 예요 ).

⑤  여기는 백화점( 이 아니에요 / 가 아니에요 ).

⑥  저는 일본 사람( 이 아니에요 / 가 아니에요 ).

⑦  저것은 컴퓨터( 이 아니에요 / 가 아니에요 ).

⑧  제 이름은 김지훈( 이 아니에요 / 가 아니에요 ).
이윤지예요.

① 가 오늘은 금요일 _____ ?

　 나 네, _____ .

② 가 여기가 학교 _____ ?

　 나 아니요, 학교 _____ .

③ 가 마이클의 가방 _____ ?

　 나 네, _____ .

④ 가 다니엘 씨는 외국 학생 _____ ?

　 나 아니요, 의사 _____ .

⑤ 가 이것이 무엇 _____ ?

　 나 책상 _____ .

같이 / 혼자

빵과 우유를 같이 먹습니다.
우리는 같이 커피를 마셔요.
혼자 집에서 쉽니다.
저는 혼자 도서관에 가요.

N와/과 같이

주말에 친구와 같이 영화를 봅니다.
선생님과 같이 밥을 먹어요.
지훈 씨와 같이 무엇을 해요?

N들

학생들이 교실에서 공부해요.
명동에 사람들이 많아요.
친구들과 같이 제주도에 가요.

빈칸에 알맞은 단어를 쓰고 질문에 답하세요.

제 이름은 다니엘입니다. 저는 외국 학생입니다.

⇒ (외국 학생이에요.)

저는 매일 한국어 학당에서 한국어를 공부합니다.

⇒(       )

오늘은 월요일입니다. 월요일은 학교에 갑니다. 내일도 학교에서

⇒(     )     ⇒(     )

한국어를 공부합니다. 금요일에 학교 식당에서 친구들과

⇒(     )

밥을 먹습니다. 토요일과 일요일에 학교에 가지 않습니다.

⇒(     )     ⇒(       )

토요일에 친구들과 같이 영화를 봅니다.

⇒(     )

일요일에 집에서 텔레비전을 봅니다.

⇒(     )

① 다니엘 씨는 무엇을 공부해요?

_____ .

② 오늘 무엇을 해요?

_____ .

③ 내일은 무슨 요일이에요?

_____ .

④ 언제 친구들과 밥을 먹어요?

_____ .

⑤ 토요일에 무엇을 해요?

_____ .

⑥ 일요일에 도서관에 가요?

_____ .

**①** 제시카 •

**새 단어**

놀다
전화
음악

**②** 벤자민 •

**③** 왕 양 •

**④** 승 기 •

**⑤** 에리나 •

# 제8과 어디에서 오셨어요?

아래 그림을 보고 이야기합시다.

### 새 단어

| | |
|---|---|
| 방 | 차 |
| 지난 | 작년 |
| 파티 | 아버지 |
| 할머니 | 할아버지 |
| 운전하다 | 크리스마스 |

**다니엘**  안녕하세요, 승기 씨. 제 친구 벤자민이에요.

**벤자민**  만나서 반갑습니다. 벤자민입니다.

**승 기**  저는 이승기입니다. 반갑습니다.
　　　　 벤자민 씨는 어디에서 오셨어요?

**벤자민**  프랑스에서 왔어요.

**승 기**  지난 주말에 무엇을 했어요?

**벤자민**  다니엘 씨와 같이 제주도에 갔어요.

### 본문을 읽고 대답해 보세요

1. 승기 씨와 벤자민 씨는 친구입니까?
2. 벤자민 씨는 어디에서 왔습니까?
3. 벤자민 씨는 지난 주말에 무엇을 했어요?
4. 벤자민 씨는 혼자 갔어요?

# 어제 학교에 갔어요?

오늘 학교에 가요.

어제도 학교에 갔어요.

A/V-았/었-

저는 어제 극장에서 영화를 봤어요.
미국에서 혼자 한국어를 공부했습니다.
지난주에 날씨가 좋았어요.
어제 밥을 먹지 않았어요.

|  | A/V<br>-았/었습니다 | A/V<br>-았/었어요 | A/V<br>-지 않았습니다 | A/V<br>-지 않았어요 |
|---|---|---|---|---|
| 만나다 |  |  |  |  |
| 배우다 |  |  |  |  |
| 마시다 |  |  |  |  |
| 쉬다 |  |  |  |  |
| 공부하다 |  |  |  |  |
| 좋다 |  |  |  |  |
| 따뜻하다 |  |  |  |  |

N이었/였-

지난주는 방학이었어요.
저는 작년에 회사원이었습니다.
이것은 제 구두였어요.
여기는 학교가 아니었어요.

| | N이었습니다/<br>였습니다 | N이었어요/<br>였어요 | N-이/가<br>아니었어요 |
|---|---|---|---|
| 토요일 | | | |
| 대학생 | | | |
| 친구 | | | |
| 크리스마스 | | | |

| 보기 |
| --- |
| 가다    오다    가르치다    배우다    맛있다    좋다    마시다 |

① **가** 어제 학교에 _____ ?

    **나** 아니요, 학교에 _____ .

② 지난주에 친구와 커피를 _____ .

③ 언제 제주도에 _____ ?

④ 한국 음식이 아주 _____ .

⑤ **가** 어제 날씨가 _____ ?

    **나** 아니요, _____ .

⑥ 저는 2000년에 일본어를 _____ .

⑦ 제니 씨는 어디에서 한국어를 _____ ?

[보기]와 같이 쓰세요.

┃보기┃

(한국에 오다)

가 언제 한국에 왔어요?
나 1월에 한국에 왔어요.

①

(쉬다)

가 어제 무엇을 _____?
나 혼자 집에서 _____.

②

(보다)

가 토요일에 영화관에 _____?
나 아니요, _____.

③

(만나다)

가 주말에 명동에서 친구를 _____?
나 네, 제니 씨를 _____.

④

(비가 오다)

가 어제 서울 날씨가 _____?
나 아니요, _____.

①

가 어제 왜 파티를 했어요?

나 어제 제 생일 _____ .

②

가 시계를 샀어요?

나 아니요, 아버지 _____ .

③

가 어제 학교에 갔어요?

나 아니요, 어제는 일요일 _____ .

　 집에서 쉬었어요.

④

가 다니엘 씨는 고향에서 무엇을 했어요?

나 저는 의사 _____ .

⑤

가 여기가 어디였어요?

나 여기는 학교 _____ .

**아버지는 책을 읽으셨습니다**

저는 책을 읽었습니다.          아버지는 책을 읽으셨습니다.

V-(으)셨-

김 선생님은 책을 읽으셨습니다.
어디에서 한국어를 배우셨어요?
박 선생님은 일본에서 공부하셨어요.
선생님, 커피를 드셨어요?
어머니는 방에서 주무셨습니다.

| | V-(으)셨습니다 | V-(으)셨어요 |
|---|---|---|
| 가다 | | |
| 오다 | | |
| 앉다 | | |
| 운전하다 | | |
| *먹다 | | |
| *마시다 | | |

**보기**

저는 학교에 갔어요.　⟶　아버지는 학교에 ( 가셨어요 ).

❶

저는 주스를 마셨어요.　⟶　어머니는 커피를 (　　　　　　　).

❷

저는 책을 읽었어요.　⟶　선생님은 신문을 (　　　　　　　).

❸

저는 영화를 봤어요.　⟶　할아버지는 텔레비전을 (　　　　　　).

❹

저는 러시아에서 왔어요.　⟶　마이클 선생님은 미국에서 (　　　　　).

**|보기|**

| 가다 | 가르치다 | 먹다 | 마시다 | 하다 |

① 가 어머니는 무엇을 _____?

나 고등학교에서 영어를 _____.


② 가 김 선생님은 어디에 _____?

나 화장실에 _____.


③ 가 어제 저녁에 무엇을 _____?

나 불고기를 _____.


④ 가 차를 _____.

나 아니요, _____.

어디에서 오셨어요?

다니엘 씨, 어디에서 오셨어요?

→   저는 미국에서 왔어요.

호주에서 오셨어요?

→   아니요, 프랑스에서 왔어요.

## 연습합시다 2-3    친구와 같이 이야기해 보세요.

**①**  가  _____  씨, 언제 한국에 오셨어요?

　　나  _____  에 왔어요.

**②**  가  _____  씨, 어디에서 오셨어요?

　　나  _____  에서 왔어요.

**③**  가  어제 학교에서 무엇을 하셨어요?

　　나  _____ .

**④**  가  주말에 무엇을 하셨어요?

　　나  _____ .

빈칸에 알맞게 쓰고, 질문에 답하세요.

저는 지난 주말에 어머니와 같이 백화점에 가요.

⇒ (갔어요.)

지하철을 타요.

⇒(          )

백화점에 사람이 아주 많았어요. 백화점이 복잡해요.

⇒(          )

어머니는 구두를 사십니다.

⇒(          )

저는 가방과 모자를 사요.

⇒(          )

점심에 한국 음식을 먹어요.

⇒(          )

저는 냉면을, 어머니는 불고기를 드십니다.

⇒(          )

**새 단어**

복잡하다
조용하다

① 친구와 백화점에 갔어요?

_____ .

② 무엇을 탔어요?

_____ .

③ 백화점은 조용했어요?

_____ .

④ 식당에서 무엇을 먹었어요?

_____ .

**1** 오늘은 무슨 요일입니까?

① 월요일        ② 화요일        ③ 토요일        ④ 일요일

**2** 시장에서 무엇을 샀습니까? 모두 고르세요.

① 빵            ② 우유          ③ 과일          ④ 김밥

**3** 어제 어디에 갔어요?

① 극장          ② 시장          ③ 식당          ④ 도서관

# 제9과 집에 텔레비전이 있어요?

**Track17**

아래 그림을 보고 이야기합시다.

**새 단어**

| | |
|---|---|
| 있다 | 없다 |
| 침대 | 크다 |
| 사당역 | 전화기 |
| 떡볶이 | 상자 |
| 공 | |

**본문을 읽고 대답해 보세요**

1. 제니 씨 집은 어디에 있어요?
2. 제니 씨 집에 무엇이 있어요?
3. 제니 씨 집에 무엇이 없어요?
4. 제니 씨 집이 어떻습니까?

|   |   |
|---|---|
| 선생님 | 제니 씨, 집이 어디예요? |
| 제 니 | 사당역 옆에 있어요. |
| 선생님 | 제니 씨 집에 텔레비전이 있어요? |
| 제 니 | 아니요, 없어요. 컴퓨터와 침대가 있어요. |
| 선생님 | 제니 씨 집이 어때요? |
| 제 니 | 아주 크고 조용해요. |

# 집에 텔레비전이 있어요?

텔레비전이 있어요.

텔레비전이 없어요.

### N이/가 있다[없다]

가방에 한국어 책이 있어요.
교실에 시계가 있습니다.
저는 여자 친구가 없어요.
집에 무엇이 있어요?

## 알맞은 것을 고르세요.

1    제 가방에 전화기( 이 , 가 ) 있어요.

2    집에 밥( 이 , 가 ) 없어요.

3    오늘은 숙제( 이 , 가 ) 없어요.

4    교실에 학생들( 이 , 가 ) 있습니다.

① 교실에 책상이 <u>있어요</u>.

② 교실에 의자가 _____.

③ 교실에 컴퓨터가 _____.

④ 교실에 텔레비전이 _____.

⑤ 교실에 침대가 _____.

⑥ 교실에 _____ 이/가 있어요.

⑦ 교실에 _____ 이/가 있어요.

⑧ 교실에 _____ 이/가 있어요.

# 사당역 옆에 있어요

집이 사당역 옆에 있어요.

**N에 N이/가 있다[없다]**

책상 위에 무엇이 있어요?
침대 옆에 창문이 있어요.
학교 앞에 식당이 있습니다.
교실 안에 사람이 없어요.

**┃보기┃**

위　　아래　　앞　　뒤　　안　　밖　　오른쪽　　왼쪽

❶

상자 (　　　)에 공이 있어요.

❷

상자 (　　　)에 공이 있어요.

❸

상자 (　　　)에 공이 있어요.

❹

상자 (　　　)에 공이 있어요.

❺

상자 (　　　)에 공이 있어요.

❻

상자 (　　　)에 공이 있어요.

❼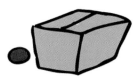

상자 (　　　)에 공이 있어요.

❽

상자 (　　　)에 공이 있어요.

방이 큽니다.

방이 조용해요.

S-고 S

명동은 사람이 많고 복잡해요.
한국어는 쉽고 재미있어요.
토요일은 날씨가 좋고 따뜻했어요.
어머니는 시장에 가시고 아버지는 운동하십니다.

**1**  가  요즘 한국 날씨가 어떻습니까?

　　나  비가 _____ 춥습니다.

**2**  가  일본 날씨가 어떻습니까?

　　나  날씨가 _____ 좋아요.

**3**  가  교실에서 무엇을 하십니까?

　　나  선생님은 한국어를 _____

　　　 학생들은 한국어를 배워요.

**4**  가  어제 식당에서 무엇을 먹었습니까?

　　나  저는 불고기를 _____

　　　 친구는 비빔밥을 _____ .

① 제주도가 아름답습니다 / 따뜻합니다.

→ 제주도가 _____ .

② 떡볶이가 싸요 / 맛있어요.

→ 떡볶이가 _____ .

③ 오늘은 춥습니다 / 비가 옵니다.

→ 오늘은 _____ .

④

저는 대학교에서 영어를 공부해요 / 제 친구는 컴퓨터를 공부해요.

→ 저는 대학교에서 _____ 제 친구는 _____ .

⑤

어제 제니 씨는 도서관에 갔어요 / 다니엘 씨는 극장에 갔어요.

→ 어제 제니 씨는 _____ 다니엘 씨는 _____ .

우리 집은 사당동에 있습니다. 서울 백화점 근처에 있습니다.
지하철역과 아주 가깝습니다. 제 방은 크고 깨끗합니다.
문 오른쪽에 침대가 있어요. 침대 옆에 컴퓨터가 있고,
컴퓨터 위에 창문이 있습니다. 책상과 의자는 문 왼쪽에 있고,
의자 아래에 가방이 있어요. 책상 위에 시계와 휴대 전화가 있습니다.
책과 공책도 있어요. 제 방에 텔레비전과 라디오가 없습니다.
저는 제 방이 아주 좋습니다.

**새 단어**

사당동
근처
가깝다
깨끗하다

**1** 우리 집은 백화점과 가깝습니다. ......................... ☐

**2** 제 방은 작고 조용합니다. ......................... ☐

**3** 침대와 책상은 문 왼쪽에 있습니다. ..................... ☐

**4** 창문 아래에 컴퓨터가 있습니다. ..................... ☐

**5** 시계 옆에 휴대 전화가 있습니다. ..................... ☐

**6** 제 방에서 텔레비전을 봅니다. ......................... ☐

**①** 여기는 어디예요?

① 극장　　　② 은행　　　③ 커피숍　　　④ 도서관

**②** 이것은 무엇이에요?

① 신문　　　② 컴퓨터　　　③ 휴대 전화　　　④ 텔레비전

**③** 오늘 날씨가 어떻습니까?

①　　　②　　　③　　　④

새 단어

인터넷
게임
구름

# 제10과 지금 몇 시예요?

**Track19**

아래 그림을 보고 이야기 합시다.

**새 단어**

| | |
|---|---|
| 몇 | 시 |
| 분 | 쯤 |
| 시간 | 낮/밤 |
| 강아지 | 자동차 |
| 오전/오후 | 시작하다 |
| 아침/점심/저녁 | |

**본문을 읽고 대답해 보세요**

1. 지훈 씨는 어디에서 친구들을 만났어요?
2. 지훈 씨는 몇 시에 집에 갔어요?
3. 지금 몇 시예요?
4. 수업이 몇 시에 시작해요?

테츠야     지훈 씨는 주말에 무엇을 했어요?

지 훈     저는 커피숍에서 친구들을 만났어요.

            친구들과 커피를 마시고 영화관에 갔어요.

테츠야     몇 시에 집에 갔어요?

지 훈     일곱 시쯤에 집에 갔어요.

테츠야     지훈 씨, 지금 몇 시예요?

지 훈     여덟 시 오십 분이에요. 수업이 몇 시에 시작해요?

테츠야     아홉 시에 시작해요.

# 지금 몇 시예요?

| 1 | 하나 | 한 시 | |
| 2 | 둘 | 두 시 | 십 분 |
| 3 | 셋 | 세 시 | 십오 분 |
| 4 | 넷 | 네 시 | 이십 분 |
| 5 | 다섯 | 다섯 시 | 이십오 분 |
| 6 | 여섯 | 여섯 시 | 삼십 분 = * 반 |
| 7 | 일곱 | 일곱 시 | 삼십오 분 |
| 8 | 여덟 | 여덟 시 | 사십 분 |
| 9 | 아홉 | 아홉 시 | 사십오 분 |
| 10 | 열 | 열 시 | 오십 분 |
| 11 | 열하나 | 열한 시 | 오십오 분 |
| 12 | 열둘 | 열두 시 | 육십 분 |
| | | 몇 시 | 몇 분 |

---

**N시 N분**

지금 몇 시예요?
오전 아홉 시입니다.
여섯 시에 운동을 해요.
일곱 시 반에 친구를 만나요.
저는 한 시에 점심을 먹어요.

---

**⏐보기⏐**

> **가** 지금 몇 시입니까?
>
> **나** 세 시 십 분입니다. (3 : 10)

① **가** 지금 몇 시입니까?

   **나** _____ . (5 : 15)

② **가** 지금 몇 시입니까?

   **나** _____ . (7 : 30)

③ **가** 지금 몇 시입니까?

   **나** _____ . (9 : 45)

④ **가** 지금 몇 시입니까?

   **나** _____ . (10 : 40)

⑤ **가** 지금 몇 시입니까?

   **나** _____ . (6 : 50)

⑥ **가** 지금 몇 시입니까?

   **나** _____ . (4 : 00)

┃보기┃

**가** 몇 시에 일어나요?

**나** (9 : 00) 아홉 시에 일어나요.

**①**

**가** 몇 시에 숙제해요?

**나** (2 : 50) _____ .

**②** **가** 몇 시에 친구를 만나요?

**나** (3 : 30) _____ .

**③**

**가** 몇 시에 집에 가요?

**나** (1 : 00) _____ .

**④**

**가** 몇 시에 자요?

**나** (11 : 00) _____ .

**⑤**

**가** 몇 시에 밥을 먹어요?

**나** (6 : 40) _____ .

**⑥** **가** 몇 시에 운동해요?

**나** (7 : 25) _____ .

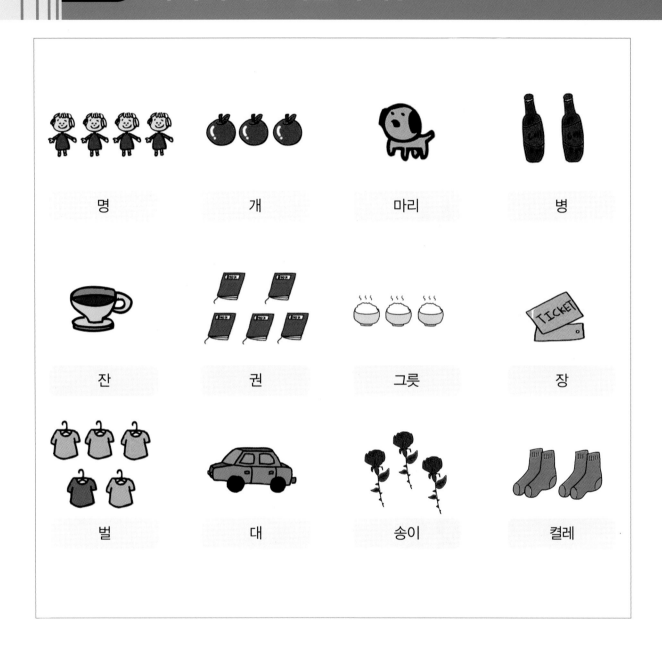

| | | | |
|---|---|---|---|
| 명 | 개 | 마리 | 병 |
| 잔 | 권 | 그릇 | 장 |
| 벌 | 대 | 송이 | 켤레 |

학생이 몇 명입니까?
책 세 권을 삽니다.
커피 한 잔을 마셨어요.
집에 강아지가 다섯 마리 있어요.

▌보기▐

**가** 바나나가 몇 개입니까?
**나** 한 개입니다.

① 　**가** 콜라가 몇 병입니까?
　　**나** ＿＿＿＿＿＿＿＿＿＿＿＿＿ .

② 　**가** 커피가 몇 잔입니까?
　　**나** ＿＿＿＿＿＿＿＿＿＿＿＿＿ .

③ 　**가** 강아지가 몇 마리입니까?
　　**나** ＿＿＿＿＿＿＿＿＿＿＿＿＿ .

④ 　**가** 학생이 몇 명입니까?
　　**나** ＿＿＿＿＿＿＿＿＿＿＿＿＿ .

⑤ 　**가** 옷이 몇 벌입니까?
　　**나** ＿＿＿＿＿＿＿＿＿＿＿＿＿ .

⑥ 　**가** 자동차가 ＿＿＿＿＿＿＿＿ ?
　　**나** ＿＿＿＿＿＿＿＿＿＿＿＿＿ .

# 문법03 커피를 마시고 도서관에 갑니다

커피를 마십니다.                    도서관에 갑니다.

→ 커피를 마시고 도서관에 갑니다.

V-고 V

친구를 만나고 도서관에 가요.
텔레비전을 보고 숙제를 해요.
한국어를 공부하고 집에 갔어요.
저는 컴퓨터 게임을 하고 잤어요.

[보기]와 같이 쓰세요.

| 보기 |

공부하다 / 집에 가다 → 저는 공부하고 집에 가요.

① 오늘 커피를 마시다 / 영화관에 가다

→ _____ .

② 어제 쇼핑하다 / 친구를 만나다

→ _____ .

③ 어제 명동에서 옷을 사다 / 집에 가다

→ _____ .

④ 오늘 숙제를 하다 / 운동하다

→ _____ .

⑤ 밥을 먹다 / 텔레비전을 보다

→ _____ .

┃보기┃

가 마리 씨는 어제 무엇을 했어요?
나 마리 씨는 친구를 만나고 공부를 했어요.

① 가 왕홍 씨는 오늘 무엇을 해요?
　 나 _____ .

② 가 서윤 씨는 어제 무엇을 했어요?
　 나 _____ .

③ 가 왕홍 씨는 무엇을 해요?
　 나 _____ .

④ 가 제니 씨는 무엇을 했어요?
　 나 _____ .

## 몇 N

몇 시예요?
강아지가 몇 마리 있어요?
밥을 몇 그릇 먹었어요?

## N쯤

교실에 학생이 열 명쯤 있어요.
저는 여덟 시 반쯤에 학교에 가요.
어제 몇 시쯤에 집에 갔어요?

## 시간

한국어를 몇 시간 공부했어요?
네 시간 공부했어요.

어제 몇 시간 잤어요?
일곱 시간 잤어요.

## N N

아침 식사를 합니다.
학교 도서관에서 공부를 했어요.
어제 저녁에 무엇을 했어요?

## 아침[점심/저녁](을) 먹다

아침을 먹었어요?
친구와 같이 점심을 먹어요.
저녁을 먹고 운동했어요.

다음을 읽고 질문에 답하세요.

왕 양  흐엉 씨, 아침 몇 시에 일어났어요?

흐 엉  8시에 일어났어요. 왕양 씨는 몇 시에 일어났어요?

왕 양  저는 7시에 일어났어요. 운동을 했어요.

흐 엉  언제 학교에 갔어요?

왕 양  8시 30분에 ① 아침을 먹었어요. 학교에 갔어요.

　　　흐엉 씨는 낮에 무엇을 했어요?

흐 엉  저는 기숙사 친구들과 같이

　　　② 점심을 먹었어요. 남대문 시장에 갔어요.

왕 양  재미있었어요?

흐 엉  네. 시장 구경을 하고 떡볶이를 먹었어요.

**새 단어**

남대문
기숙사
구경하다
일어나다

❶ 흐엉 씨와 왕양 씨는 몇 시에 일어났습니까?

흐 엉 _____ .

왕 양 _____ .

❷ 흐엉 씨는 기숙사 _____ 와/과 같이

_____ 을/를 구경했습니다.

❸ 밑줄 친 문장을 한 문장으로 만드세요.

① _____ .

② _____ .

① 잘 듣고 장소를 순서대로 쓰세요.

( 기숙사 ) ⇒ (            ) ⇒ (            ) ⇒ (            ) ⇒ (            )

② 틀린 것을 고르세요.

　① 벤자민 씨는 아침을 먹고 백화점에 갔어요.

　② 벤자민 씨는 가방을 사고 비빔밥을 먹었어요.

　③ 벤자민 씨는 8시쯤에 공원에 갔어요.

　④ 에리나 씨는 지훈 씨와 같이 공원에서 이야기했어요.

③ 여러분의 하루 생활을 이야기해 보세요.

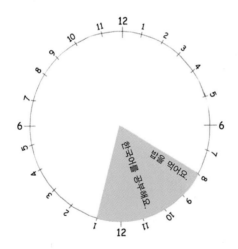

　① 아침 8시에 밥을 먹고 학교에 갔어요.

　② 9시에 한국어를 공부하고 _____ .

　③ _____ .

　④ _____ .

　⑤ _____ .

# 제11과 우리 가족은 모두 4명입니다

Track21

아래 그림을 보고 이야기합시다.

**새 단어**

| | |
|---|---|
| 가족 | 사진 |
| 분 | 참 |
| 동생 | 오빠 |
| 모두 | 주부 |
| 다니다 | 일하다 |
| 누가/누구 | |
| 이거/그거/저거 | |

**본문을 읽고 대답해 보세요**

1. 이것은 누구의 사진입니까?
2. 민지 씨의 아버지는 어디에서 일합니까?
3. 지훈 씨는 오빠가 있습니까?
4. 민지 씨의 어머니는 어느 나라 사람입니까?

민 지  이거는 가족사진이에요.

지 훈  누가 아버지세요?

민 지  이분이 우리 아버지세요.
      아버지는 회사에 다니세요.

지 훈  이 사람은 동생이에요?

민 지  아니요. 우리 오빠예요.

지 훈  이분은 누구세요?

민 지  우리 어머니세요.

지 훈  민지 씨의 어머니는 외국 사람이세요?

민 지  네, 우리 어머니는 필리핀 사람이세요.

# 우리 어머니는 책을 읽으세요

제 동생은 책을 읽어요.　　　　　우리 어머니는 책을 읽으세요.

### A/V-(으)세요

마리 씨의 어머니는 무엇을 하세요?
할아버지는 지금 커피를 드세요.
선생님이 교실에 안 계세요.
우리 어머니는 참 예쁘세요.

### N(이)세요

이분은 우리 어머니세요.
우리 아버지는 선생님이세요.

| A/V | A/V-(으)세요 | A/V | A/V-(으)세요 |
|-----|------------|-----|------------|
| 가다 | | 공부하다 | |
| 읽다 | | 먹다/마시다 | |
| 보다 | | 크다 | |
| 가르치다 | | | |

| 보기 |

> **가**　저는 영어를 가르쳐요.
>
> **나**　선생님은 영어를 가르치세요.

① **가**　저는 학교에 가요.

　　**나**　선생님은 _____ .

② **가**　동생은 영화를 봐요.

　　**나**　어머니는 _____ .

③ **가**　나는 구두를 사요.

　　**나**　아버지는 _____ .

④ **가**　저는 신문을 읽어요.

　　**나**　마리 씨는 _____ .

⑤ **가**　나는 커피를 마셔요.

　　**나**　지훈 씨는 _____ .

⑥ **가**　동생은 밥을 먹어요.

　　**나**　어머니는 _____ .

⑦ **가**　나는 한국어 선생님이에요.

　　**나**　흐엉 씨는 _____ .

⑧ **가**　저는 의사예요.

　　**나**　아버지는 _____ .

**보기**

가 지금 무엇을 읽으세요?
나 저는 지금 신문을 읽어요.

① 가 가족이 몇 명 _____ ?
   나 우리 가족은 _____ .

② 가 어디에 _____ ?
   나 _____ .

③ 가 선생님이 무엇을 _____ ?
   나 선생님은 _____ .

④ 가 제인 씨, 오늘 누구를 _____ ?
   나 오늘 명동에서 _____ .

⑤ 가 무엇을 _____ ?
   나 저는 _____ .

⑥ 가 지금 무엇을 _____ ?
   나 _____ .

❶ 밑줄 친 부분에서 틀린 것을 고치세요.

우리 가족은 모두 다섯 명이에요. 아버지와 어머니가 <u>있고</u>

⇒(　　　　)

언니와 동생이 한 명 있어요.

아버지는 대한회사에 <u>다니고</u> 어머니는 <u>주부예요.</u>

⇒(　　　　)　　　⇒(　　　　)

아버지와 어머니는 같이 주말에 산에 <u>가요.</u>

⇒(　　　　)

언니는 은행에 다니고 동생은 <u>고등학생이세요.</u>

⇒(　　　　)

저는 병원에서 <u>일하세요.</u>

⇒(　　　　)

우리는 주말에 같이 운동을 하고 집 앞 식당에서 식사를 해요.

❷ 윗글을 읽고 여러분의 가족을 소개해 보세요.

_____

_____

_____

_____

_____

**누구**

누구예요?
누구를 기다려요?
누구의 책입니까?
누구에게 편지를 씁니까?

**누가**

누가 마리 씨입니까?
누가 교실에 있어요?
누가 밥을 먹어요?

**┃보기┃**

**가** 저분은 누구입니까?
**나** 마리입니다.

❶ **가** 이 사람은 _____ 입니까?

　 **나** 제 친구 지훈 씨예요.

❷ **가** _____ 한국어를 가르치십니까?

　 **나** 김 선생님이 한국어를 가르치십니다.

❸ **가** _____ 을/를 기다립니까?

　 **나** 어머니를 기다립니다.

❹ **가** _____ 에게 전화를 했어요?

　 **나** 여자 친구에게 전화를 했어요.

❺ **가** _____ 에리나 씨의 남자 친구예요?

　 **나** 저분이에요.

❻ **가** 오늘 저녁에 _____ 을/를 만나요?

　 **나** 대학교 친구들을 만나요.

❼ **가** _____ 교실에 있어요?

　 **나** 학생이 교실에 있어요.

### 이 / 그 / 저 N

저 사람이 누구예요?
그 옷은 아주 따뜻해요.
저 책은 마리 씨의 책입니까?

### 우리 N

우리나라는 한국입니다.
우리 가족은 네 명이에요.
여기가 우리 학교예요.

### 이거 / 그거 / 저거

이것은 제 책이에요.
➡ 이거는 제 책이에요.
저것은 누구의 가방이에요?
➡ 저거는 누구의 가방이에요?

### N에게

친구에게 전화해요.
다니엘 씨에게 편지를 씁니다.

다음을 읽고 답하세요.

단계

> 제 이름은 에리나예요. 여기는 1단계 교실이에요.
> 왕홍 씨는 중국 사람이에요. 지금 음악을 듣습니다.
> 벤자민 씨는 여자 친구에게 편지를 씁니다.
> 여자 친구가 프랑스에 있어요.
> 흐엉 씨는 아침을 먹지 않았어요. 우유를 마셔요.

① 여기는 어디예요?

_____ .

② 왕홍 씨는 무엇을 해요?

_____ .

③ 벤자민 씨는 누구에게 편지를 씁니까?

_____ .

④ 누가 우유를 마셔요?

_____ .

❶ 가족은 모두 몇 명이세요?

_____ .

❷ 어머니는 무엇을 배우세요?

_____ .

❸ 오빠의 여자 친구는 무엇을 해요?

_____ .

❹ 나는 요즘 무엇을 공부해요?

_____ .

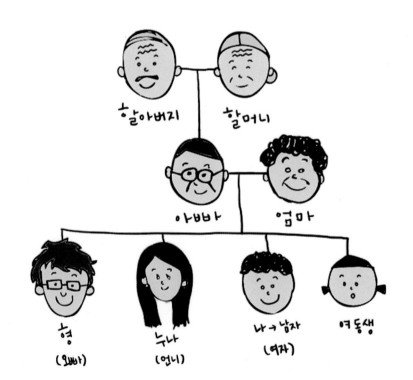

할아버지  할머니

아빠  엄마

형   누나   나→남자   여동생
(오빠)  (언니)   (여자)

새 단어

요즘

# 여보세요, 거기 한국어학당입니까?

Track23

아래 그림을 보고 이야기합시다.

새 단어

그렇다    고프다
아프다    그래요
그러면    시험
다시    여보세요

| 제 니 | 여보세요, 거기 한국어학당입니까? |
|---|---|
| 직 원 | 네, 그렇습니다. 누구세요? |
| 제 니 | 안녕하세요. 저는 1단계 학생 제니입니다. |
|  | 김 선생님 계세요? |
| 직 원 | 아니요, 안 계세요. 지금은 교실에 계세요. |
| 제 니 | 아, 그러면 제가 내일 전화하겠습니다. |
| 직 원 | 몇 시에 전화할 거예요? |
| 제 니 | 5시쯤 전화하겠어요. |
| 직 원 | 네, 알겠습니다. |

본문을 읽고 대답해 보세요

1. 제니 씨는 어디에
   전화했어요?
2. 김 선생님은 어디에
   계세요?
3. 제니 씨는 몇 단계
   학생이에요?

# 내일은 친구를 만나겠어요

2월 5일 (오늘)
오늘은 친구를 만나요.

2월 6일 (내일)
내일은 친구를 만나겠어요.

V-겠-

토요일에 영화를 보겠어요.
저는 커피를 마시겠어요.
내일 무엇을 하겠어요?
언제 신문을 읽겠어요?

| V | V-아/어요 | V-겠어요 |
|---|---|---|
| 가다 | | |
| 먹다 | | |
| 공부하다 | | |
| 앉다 | | |

**┃보기┃**

가 내일 무엇을 하겠어요?

나 (친구를 만나다) 친구를 만나겠어요.

①

가 화요일에 무엇을 하겠어요?

나 (공부하다) _____ .

②

가 주말에 어디에 가겠어요?

나 (공원) _____ .

③

가 내일 누구를 만나겠어요?

나 (선생님) _____ .

④

가 토요일에 무엇을 사겠어요?

나 (치마) _____ .

⑤

가 저녁에 무엇을 먹겠어요?

나 (라면) _____ .

⑥

가 주말에 무엇을 하겠어요?

나 (쇼핑) _____ .

| 보기 |

배가 고픕니다.
→  식당에 가겠어요.

1  내일 시험이 있어요.

→ _____ .

2  머리가 아픕니다.

→ _____ .

3  날씨가 덥습니다.

→ _____ .

4  내일 친구의 생일이에요.

→ _____ .

5  옷이 없어요.

→ _____ .

# 내일 학교에 갈 거예요

나는 학교에 갈 거예요.

마이클 씨도 학교에 갈 거예요.

V-(으)ㄹ 거예요 / V-(으)ㄹ 겁니다

오후 5시에 친구를 만날 거예요.
일요일에 명동에 갈 거예요.
오늘 저녁에 무엇을 먹을 거예요?

내일 저녁에 운동을 할 겁니다.
저는 주말에 집에서 텔레비전을 볼 겁니다.

| V | V-(으)ㄹ 거예요 | V-(으)ㄹ 겁니다 |
|---|---|---|
| 만나다 | | |
| 오다 | | |
| 읽다 | | |
| 공부하다 | | |

**┃보기┃**

> **가** 토요일에 무엇을 할 거예요? (영화를 보다 / 친구와 같이 저녁을 먹다)
>
> **나** 영화를 보고 친구와 같이 저녁을 먹을 거예요.

① **가** 내일 무엇을 할 거예요? (텔레비전을 보다 / 시장에 가다)

　 **나** _____ .

② **가** 오늘 저녁에 무엇을 할 거예요? (운동하다 / 컴퓨터를 하다)

　 **나** _____ .

③ **가** 주말에 무엇을 할 거예요? (쇼핑하다 / 친구의 집에 가다)

　 **나** _____ .

④ **가** 방학에 무엇을 할 거예요? (한국어를 공부하다 / 서울 구경하다)

　 **나** _____ .

⑤ **가** 토요일에 무엇을 할 거예요?

　 **나** _____ .

⑥ **가** 내일 무엇을 할 거예요?

　 **나** _____ .

| 어디 | 언제 | 누구 | 무엇 |
| --- | --- | --- | --- |
| 한국 | 다음 주 | 친구 | 쉬다 |
| 중국 | 주말 | 선생님 | 구경하다 |
| 프랑스 | 4월 | 혼자 | 음식을 먹다 |
| 제주도 | 10월 | 가족 | 쇼핑하다 |
|  |  |  |  |

❶ 가 어디에 갈 거예요?

　나 저는 _____ .

❷ 가 언제 갈 거예요?

　나 _____ .

❸ 가 누구와 같이 갈 거예요?

　나 _____ .

❹ 가 거기에서 무엇을 할 거예요?

　나 _____ .

### 그렇습니다

이분이 김 선생님이십니까?

→ 네, 그렇습니다.

여보세요? 거기 흐엉 씨의 집입니까?

→ 네. 그렇습니다. 누구세요?

### 그래요

여기가 1단계 교실이에요?

→ 네, 그래요.

학생이 모두 다섯 명이에요?

→ 네. 그래요.

### 그러면

에리나 씨는 지금 집에 없어요.

→ 그러면 다시 전화하겠습니다.

사과 주스는 없어요.

→ 그러면 포도 주스는 있어요?

### 내가/제가

내가 책을 읽겠어요.

누가 마이클 씨예요?

→ 제가 마이클이에요.

다음을 읽고 대화를 만들어 보세요.

새 단어

표
콘서트
광화문역

왕홍은 민지에게 전화해요.
민지는 집에서 쉬어요. 바쁘지 않아요.
왕홍은 콘서트 표 2장이 있어요.
두 사람은 같이 콘서트를 볼 거예요.
왕홍과 민지는 7시에 광화문역에서 만날 거예요.

왕 홍   여보세요. 민지 씨?

민 지   네, 안녕하세요. 왕홍 씨.

왕 홍   _____? (이번 주, 주말, 무엇)

민 지   _____. (집, 쉬다)

왕 홍   그러면 같이 콘서트를 보겠어요?

_____. (표 2장, 있다)

민 지   네, 좋아요. _____? (어디, 콘서트, 보다)

왕 홍   _____. (광화문역, 보다)

민 지   _____? (몇 시, 만나다)

왕 홍   _____. (7시, 광화문역)

듣고 말하기 다음을 듣고 질문에 답하세요.

1 마 리 • •

2 장디엔 • •

3 지 훈 • •

4 제 인 • •

5 프랭크 • •

**168** | 참 한국어 1

# 한국 음식이 맛있지만 매워요

**Track25**

아래 그림을 보고 이야기합시다.

**새 단어**

| | |
|---|---|
| 뭐/뭘 | 매우 |
| 입다 | 냉장고 |
| 외국어 | 뜨겁다 |
| 고맙다 | 즐겁다 |
| 무겁다 | 시끄럽다 |
| 조금 | 축하하다 |
| 쉬는 시간 | 여행 |
| 참 | |
| 이게/그게/저게 | |

**본문을 읽고 대답해 보세요**

1. 다니엘 씨와 에리나 씨는 무엇을 먹어요?
2. 다니엘 씨는 한국 음식이 어때요?
3. 불고기가 어때요?

| | |
|---|---|
| 다니엘 | 그게 뭐예요? |
| 에리나 | 떡볶이예요. |
| 다니엘 | 떡볶이가 어때요? |
| 에리나 | 맛있지만 매워요. |
| | 다니엘 씨는 한국 음식이 어때요? |
| 다니엘 | 아주 맛있어요. |
| 에리나 | 무엇이 맛있어요? |
| 다니엘 | 불고기가 참 맛있어요. |
| 에리나 | 저도 불고기가 좋아요. 불고기는 맵지 않고 맛있어요. |

**떡볶이가 매워요**

'ㅂ' 불규칙

외국어가 어려워요.
김치가 아주 매워요.
오늘은 날씨가 더워요.
겨울은 날씨가 추워요.

| 기본형 | A/V-아/어요 | A/V-았/었어요 |
|---|---|---|
| 어렵다 | | |
| 쉽다 | | |
| 덥다 | | |
| 맵다 | | |
| *입다 | | |

| 보기 |

맵다    뜨겁다    덥다    시끄럽다    어렵다    고맙다

쉽다    즐겁다    무겁다

**1** 지난주에 제주도에 여행을 갔어요. 참 _____.(–아/어요)

**2** 8월은 날씨가 _____.(–아/어요)

**3** 김치가 아주 _____.(–아/어요)

**4** 가 한국어 공부가 _____?(–아/어요)

    나 아니요. 쉽지 않아요. 조금 _____.(–아/어요)

**5** 가 생일 축하해요. 이거 선물이에요.

    나 _____.(–아/어요)

**6** 가방이 매우 _____.(–아/어요)

**7** 쉬는 시간이에요. 밖이 매우 _____.(–아/어요)

**8** 여기에 커피가 있어요. 아주 _____.(–아/어요)

# 한국은 춥지만 호주는 더워요

한국은 추워요.                          호주는 더워요.

한국은 춥지만 호주는 더워요.

S-지만 S

영화는 재미있지만 책은 재미없어요.
나는 밥을 먹지만 친구는 먹지 않아요.
어제는 날씨가 좋았지만 오늘은 나쁩니다.
한국어는 어렵지만 재미있어요.

**보기**

가 한국어 공부가 어떻습니까?

나 (어렵다/재미있다) 한국어 공부가 어렵지만 재미있어요.

① 가 날씨가 어떻습니까?

나 (어제, 좋다/오늘, 춥다) _____ .

② 가 김치가 어떻습니까?

나 (맛있다/맵다) _____ .

③ 가 숙제가 어떻습니까?

나 (쉽다/많다) _____ .

④ 가 중국어 공부가 어떻습니까?

나 (재미있다/어렵다) _____ .

**보기**

가다    맛있다    있다    어렵다    만나다    비싸다

① 김치는 맛있지만 매워요.

② 어제는 친구를 _____ 오늘은 안 만나요.

③ 한국어는 _____ 재미있어요.

④ 우리 교실에 컴퓨터는 _____ 냉장고는 없어요.

⑤ 이 옷은 _____ 저 옷은 싸요.

⑥ 어제 나는 학교에 _____ 친구는 안 갔어요.

① 가 한국 날씨가 어때요?
　나 _____ .

② 가 집이 어때요?
　나 _____ .

③ 가 한국 음식이 어때요?
　나 _____ .

④ 가 고향 날씨가 어때요?
　나 _____ .

## 뭐 / 뭘

무엇을 → 뭘
→ 지금 뭘 먹어요?

무엇 → 뭐
→ 오늘 뭐해요?

누구를 → 누굴
→ 어제 누굴 만났어요?

## 이게 / 그게 / 저게

이것이 → 이게
→ 이게 뭐예요?

그것이 → 그게
→ 그게 다니엘 씨의 가방이에요?

저것이 → 저게
→ 저게 우리 집이에요.

## 어때요

날씨가 어때요?
→ 따뜻해요.

이 옷이 어때요?
→ 이 옷이 좀 비싸요.

명동이 어때요?
→ 복잡해요.

지난주에 친구와 같이 명동에 갔어요.

명동에 가게가 많았어요.

옷가게에 갔어요. 옷이 많았어요.

치마를 ① 입다 + 았/었어요.

치마 값이 조금 비쌌지만 샀어요.

신발가게에도 갔어요.

날씨는 조금 ② 덥다 + 았/었지만 재미있었어요.

**새 단어**

치마
값
신발

❶ 누구와 같이 명동에 갔어요?

　　　　　　　　　　　　　　　　　　　　　　　.

❷ 명동에서 무엇을 샀어요?

　　　　　　　　　　　　　　　　　　　　　　　.

❸ 맞으면 O, 틀리면 X 하세요.

① 치마가 싸요.　　　　　　　　　　( 　 )

② 날씨가 덥지 않았어요.　　　　　　( 　 )

③ 신발가게도 구경했어요.　　　　　( 　 )

❹ 밑줄 친 부분을 알맞게 쓰세요.

① 입다 + 았/었어요

　　　　　　　　　　　　　　　　　　　　　　　.

② 덥다 + 았/었어요

　　　　　　　　　　　　　　　　　　　　　　　.

① 지금 무엇을 이야기합니까?

① 한국 　　　　② 친구 　　　　③ 음식 　　　　④ 여행

② 이 식당은 어떻습니까?

① _____ .

② _____ .

**새 단어**

자주
아주머니
친절하다
김치찌개

③ 다음을 듣고 내용과 틀린 것을 고치세요.

① 식당은 <u>학교 안</u>에 있어요.

⇒ 학교 앞

② 나는 혼자 식당에서 김치찌개를 자주 먹어요.

③ 오늘은 비빔밥을 먹을 거예요.

④ 불고기는 맵고 맛있어요.

# 제14과 거스름돈을 받으세요

Track27

아래 그림을 보고 이야기합시다.

**새 단어**

| | |
|---|---|
| 층 | 만 |
| 천 | 원 |
| 또 | 약 |
| 사전 | 얼마 |
| 받다 | 지갑 |
| 티셔츠 | 다 |
| 실례지만 | 피곤하다 |
| 여러 가지 | 거스름돈 |
| 감사하다 | 어서 오세요 |

**본문을 읽고 대답해 보세요**

1. 제니 씨는 어디에 갔어요?
2. 거기에서 무엇을 샀어요?
3. 그것이 얼마예요?
4. 거스름돈이 얼마예요?

---

| 직 원 | 어서 오세요. |
|---|---|
| 제 니 | 실례지만, 한국어 사전이 어디에 있어요? |
| 직 원 | 2층에 있어요. |
| 제 니 | 영어 사전도 있어요? |
| 직 원 | 네, 여러 가지 사전이 다 있어요. |

---

| 제 니 | 모두 얼마예요? |
|---|---|
| 직 원 | 모두 8만 3천 원입니다. |
| 제 니 | 여기 있어요. |
| 직 원 | 9만 원 받았습니다. 거스름돈 받으세요. |
| 제 니 | 감사합니다. |
| 직 원 | 또 오세요. |

여기를 보세요.

V-(으)세요 / V-(으)십시오

책을 읽으세요.
한 시에 전화하십시오.
집에서 숙제를 하세요.
밥을 먹고 약을 드십시오.

[보기]와 같이 쓰세요.

**┃보기┃**

책을 읽으세요.

① _____ .

② _____ .

③ _____ .

④ _____ .

⑤ _____ .

⑥ _____ .

⑦ _____ .

**┃보기┃**

**가** 길이 복잡해요.

**나** 지하철을 타세요.

❶

**가** 한국어가 어려워요. **나** _____ .

❷

**가** 날씨가 추워요. **나** _____ .

❸

**가** 피곤해요. **나** _____ .

❹

**가** 배가 고픕니다. **나** _____ .

❺

**가** 내일 시험이에요. **나** _____ .

# 모두 얼마예요?

모두 얼마예요?  →  만 원이에요

볼펜이 얼마예요?
→  팔백 원이에요.

바지가 얼마예요?
→  오만 오천 원이에요.

커피가 얼마예요?
→  천 오백 원이에요.

| 100원 | 백 원 | 5,000원 | 오천 원 | 100,000원 | 십만 원 |
|-------|-------|---------|---------|-----------|---------|
| 500원 | 오백 원 | 10,000원 | 만 원 | 500,000원 | 오십만 원 |
| 1,000원 | 천 원 | 50,000원 | 오만 원 | 1,000,000원 | 백만 원 |

❶  티셔츠가 두 개에 얼마예요?

_____.

❷  모자가 네 개에 얼마예요?

_____.

❸  가방이 얼마예요?

_____.

❹  책이 세 권에 얼마예요?

_____.

❺  컴퓨터가 얼마예요?

_____.

❻  안경이 얼마예요?

_____.

❼  지갑이 얼마예요?

_____.

❽  구두가 얼마예요?

_____.

**실례지만**

실례지만, 누구세요?

실례지만, 명동이 어디예요?

실례지만, 김 선생님 계세요?

**N에 얼마입니까?**

사과 한 개에 얼마입니까?

→ 천 원입니다.

사전 한 권에 얼마예요?

→ 이만 원이에요.

이것은 한 개에 얼마예요?

→ 한 개에 사백 원이에요.

**여러 가지**

여러 가지 과일이 있어요.

백화점에서 여러 가지 옷을 구경했어요.

여기에는 여러 가지 책이 있어요.

**모두 / 다**

모두 얼마예요?

→ 모두 사천팔백 원입니다.

모두 어디에 갔어요?

→ 모두 집에 갔어요.

밥을 다 먹었어요?

→ 네, 다 먹었어요.

**또**

또 오세요.

영화를 또 봐요?

**새 단어**

내다
음료수
삼겹살
주문하다
인분

다니엘 씨와 제니 씨가 만났습니다. 두 사람은 식당에 갔습니다.
식당에서 삼겹살과 음료수를 주문했습니다. 음식을 모두 먹었습니다.
정말 맛있었습니다. 다음 주에 삼겹살을 또 먹을 겁니다.
오늘은 다니엘 씨가 음식 값을 냈습니다.

**❶** 1. 음식을 누가 샀어요?

2. 다니엘 씨와 제니 씨는 무엇을 먹었어요?

**❷** 〈보기〉에서 골라서 대화문을 완성하세요.

| **보기** | ① 여기 있습니다. | ② 모두 얼마예요? |
|---|---|---|
| | ③ 어서 오세요. | ④ 음료수도 주세요. |
| | ⑤ 삼겹살이 어떻습니까? | ⑥ 또 오세요. |

아주머니  1) _____

다니엘   삼겹살 2인분 주세요. 그리고 2) _____

아주머니  여기 있습니다. 음료수는 한 병에 1,000원입니다.

다니엘   제니 씨, 3) _____

제 니   아주 맛있어요.

· · · · · · · · · · · · · · · · · · · · · · · · · · · · · · · · · · · · · · · · · ·

다니엘   오늘은 제가 사겠습니다.

제 니   고마워요. 커피 값은 제가 내겠어요.

다니엘   아주머니, 4) _____

아주머니  25,000원입니다.

다니엘   5) _____

아주머니  감사합니다. 또 오세요.

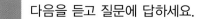

**1** 무엇을 샀어요?

       _____ .

**2** 모두 얼마예요?

       _____ .

**3** 듣고 쓰세요.

여기는 _____ 이에요/예요.

사과는 한 개에 _____ 이에요/예요.

귤 _____ 개와 바나나 _____ 을/를 샀어요.

# 제15과 친구를 만나서 서점에 갔어요

Track29

아래 그림을 보고 이야기합시다.

**새 단어**

| | |
|---|---|
| 무슨 | 하고 |
| 세수 | 선물 |
| 주다 | 말하기 |
| 삼계탕 | 아저씨 |
| 바쁘다 | 광화문 |
| 예쁘다 | 일어나다 |
| 헤어지다 | 중간시험 |
| 장미 | |

**본문을 읽고 대답해 보세요**

1. 제니 씨는 어제 어디에 갔어요?
2. 거기에서 무엇을 했어요?
3. 무엇을 샀어요?
4. 제니 씨는 다음 주에 무엇을 할 거예요?

다니엘  제니 씨, 어제 바빴어요?

제 니   네, 바빴어요. 광화문에 갔어요.

다니엘  광화문에서 무엇을 했어요?

제 니   친구를 만나서 서점에 갔어요.

다니엘  무슨 책을 샀어요?

제 니   한국어 사전하고 영어 사전을 샀어요.

       다음 주에 한국어 시험이 있어요.

'ㅡ'불규칙

제니 씨, 지금 바빠요?
어제 배가 아팠어요.
다니엘 씨 여자 친구는 아주 예뻐요.
저는 눈이 아주 나빠요.
주말에 친구에게 편지를 썼어요.

|  | -ㅂ니다/습니다 | -아요/어요 | -았어요/었어요 |
|---|---|---|---|
| 바쁘다 |  |  |  |
| 아프다 |  |  |  |
| 예쁘다 |  |  |  |
| 나쁘다 |  |  |  |
| 쓰다 |  |  |  |

**|보기|**

바쁘다        아프다        예쁘다        나쁘다        쓰다

①    책에 이름을 _____ (으)세요.

②    어제는 _____ 지만 오늘은 시간이 있어요.

③    오늘은 날씨가 _____ 지 않아요. 아주 따뜻해요.

④    머리가 _____ 고  배도 _____ 아/어요.

⑤    이 구두가 비싸지만 _____ 아/어요.

친구를 만나요.

(친구와 같이) 극장에 가요.

V-아서/어서

학교에 가서 한국어를 공부합니다.
집에 와서 숙제를 했어요.
친구를 만나서 영화를 볼 거예요.
아침에 일어나서 세수를 합니다.

|  | A/V-아요/어요 | A/V-아서/어서 |
|---|---|---|
| 가다 |  |  |
| 오다 |  |  |
| 만나다 |  |  |
| 사다 |  |  |
| 일어나다 |  |  |

① 도서관에 갑니다. / 공부합니다.

_____ .

② 어머니를 만났습니다. / 쇼핑을 했습니다.

_____ .

③ 아침 7시에 일어났어요. / 숙제를 했어요.

_____ .

④ 모자를 살 거예요. / 친구에게 선물을 줄 거예요.

_____ .

⑤ 집에 와요. / (집에서) 밥을 먹겠어요.

_____ .

어제 무엇을 했어요?

_____ .

내일 무엇을 할 거예요?

_____ .

언제 한국어 신문을 읽어요?

_____ .

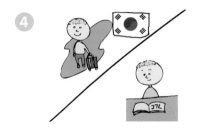
어디에서 한국어를 배웠어요?

_____ .

언제 텔레비전을 봐요?

_____ .

# 무슨 책을 샀어요?

이것은 무슨 책이에요?

이것은 한국어 책이에요.

무슨 N

가 무슨 주스를 마셔요?
나 딸기 주스를 마셔요.

가 이 식당은 무슨 음식이 맛있어요?
나 삼계탕이 맛있어요.

가 무슨 영화를 봤어요?
나 미국 영화를 봤어요.

가 무슨 일 있어요?
나 여자 친구와 헤어졌어요.

① **가** 이것은 무슨 ＿＿＿＿＿＿＿＿＿ 입니까?

　**나** ＿＿＿＿＿＿＿＿＿ 입니다.

② **가** 무슨 ＿＿＿＿＿＿＿＿＿ 을/를 읽어요?

　**나** 저는 ＿＿＿＿＿＿＿＿＿ 을/를 읽어요.

③ **가** 친구 생일에 무슨 ＿＿＿＿＿＿＿＿＿ 을/를 줄 거예요?

　**나** ＿＿＿＿＿＿＿＿＿ 을/를 줄 거예요.

④ **가** 오늘은 무슨 ＿＿＿＿＿＿＿＿＿ 이에요/예요?

　**나** ＿＿＿＿＿＿＿＿＿ 이에요/예요.

⑤ **가** 무슨 ＿＿＿＿＿＿＿＿＿ 이/가 예뻐요?

　**나** ＿＿＿＿＿＿＿＿＿ 이/가 예뻐요.

## 시험이 있다 / 시험을 보다

언제 시험을 봐요?
→ 다음 주에 시험을 봐요.

어디에서 시험을 봅니까?
→ 2층 교실에서 볼 거예요.

중간시험을 봤어요?
→ 아니요, 내일 볼 거예요.

오늘 무슨 시험이 있어요?
→ 말하기 시험이 있어요.

## N하고 N

책상 위에 책하고 공책이 있어요.
커피 한 잔하고 주스 두 잔 주세요.
어제 백화점에서 구두하고 모자를 샀어요.

## N에 돌아오다 / 돌아가다

저는 1시에 집에 돌아가요.
언제 고향에 돌아갈 거예요?
한국에 돌아와서 가족을 만났어요.

## N에 출발해서 N에 도착하다

12시에 출발해서 3시에 도착해요.
토요일에 출발해서 일요일에 도착할 거예요.
이 비행기는 몇 시에 출발해서 몇 시에 도착합니까?

**새 단어**

산책
많이

어제는 일요일이었습니다. 저는 혼자 공원에 갔어요.
공원에 가서 산책을 하고 운동을 했습니다.
그리고 저녁에 친구를 만나서 식사를 하고 집에 돌아왔습니다.

❶　① 오늘은 토요일입니다.

② 친구와 공원에서 운동을 했습니다.

③ 저녁에 친구를 만나서 집에 왔습니다.

④ 친구와 같이 저녁을 먹었습니다.

다음 주 토요일은 친구의 생일입니다.
백화점에 가서 선물을 사고 친구에게 편지를 썼어요.
오늘은 아주 바빴어요.

❷　① 백화점에 가서 친구를 만났어요.

② 친구를 만나서 선물을 주었어요.

③ 나는 친구 생일에 편지도 줄 거예요.

④ 오늘은 시간이 많이 있었어요.

**듣고 말하기** 다음을 듣고 질문에 답하세요.

① 여기가 어디입니까?

_____ .

새 단어

기차
부산
서울역
기차표
잠깐만

② 맞으면 O, 틀리면 X 하세요.

① 두 사람은 부산에 갈 거예요.　　　(　　)

② 여기에서 버스를 탑니다.　　　(　　)

③ 4시 30분쯤 출발할 거예요.　　　(　　)

④ 두 사람은 같이 표를 살 거예요.　　　(　　)

# 감기에 걸려서 병원에 갔어요

Track31

아래 그림을 보고 이야기합시다.

새 단어

| | |
|---|---|
| 늦잠 | 약속 |
| 감기 | 질문 |
| 기침 | 늦다 |
| 걸리다 | 그래서 |
| 괜찮다 | 아르바이트 |
| 아이스크림 | 지각하다 |
| 열(이) 나다 | 콧물(이) 나다 |
| 께 | 산 |

**본문을 읽고 대답해 보세요**

1. 에리나 씨는 어제 어디에 갔어요?
2. 에리나 씨는 어디가 아팠어요?
3. 에리나 씨는 지금도 아파요?

왕 홍    에리나 씨, 어제 무슨 일 있었어요?

        왜 학교에 안 왔어요?

에리나    어제 병원에 갔어요. 그래서 학교에 못 왔어요.

왕 홍    어디가 아팠어요?

에리나    감기에 걸려서 머리가 많이 아팠어요.

왕 홍    언제부터 아팠어요?

에리나    주말부터 아팠어요.

왕 홍    약을 먹었어요?

에리나    네, 약을 먹어서 지금은 괜찮아요.

# 감기에 걸려서 병원에 갔어요

감기에 걸렸어요.

병원에 갔어요.

A/V-아/어서

요즘 아르바이트를 해서 바빠요.
늦잠을 자서 학교에 지각했어요.
오늘은 숙제가 없어서 집에서 쉴 거예요.
어제 날씨가 더워서 수영장에 갔어요.

|  | A/V-아요/어요 | A/V-아서/어서 |
|---|---|---|
| 마시다 |  |  |
| 하다 |  |  |
| 있다 |  |  |
| 춥다 |  |  |
| 재미있다 |  |  |

┃**보기**┃ 약속 시간에 늦었어요.   ●　　　　　● 친구와 같이 매일 공부합니다.

①　한국어가 어려워요.   ●　　　　　● 산에 갈 거예요.

②　날씨가 좋아요.   ●　　　　　● 선생님께 전화했어요.

③　질문이 있어요.   ●　　　　　● 택시를 탔습니다.

④　한국 음식이 매워요.   ●　　　　　● 물을 마셨어요.

---

┃**보기**┃ 약속 시간에 늦어서 택시를 탔습니다.

---

①　한국어가 _____.

②　날씨가 _____.

③　질문이 _____.

④　한국 음식이 _____.

┃보기┃

가 왜 학교에 늦었어요?
나 늦잠을 자서 학교에 늦었어요.

가 왜 병원에 갔어요?

나 _____.

가 왜 머리가 아파요?

나 _____.

가 왜 주말에 바빴어요?

나 _____.

가 왜 냉면을 두 그릇 먹었어요?

나 _____.

# 비빔밥이 매워서 못 먹어요

비빔밥이 맛없어요.
비빔밥을 안 먹어요.

비빔밥이 매워요.
비빔밥을 못 먹어요.

못 V

배가 아파서 밥을 못 먹었어요.
저는 영어를 못 합니다.
어제 못 쉬어서 지금 피곤해요.
오늘 아침에 추워서 운동을 못 했어요.

| 보기 |

**가** 비빔밥을 먹었어요?

**나** 아니요, 매워서 못 먹었어요.

---

❶

**가** 주말에 친구를 만났어요?

**나** 아니요, _____ .

❷

**가** 월요일에 학교에 갔습니까?

**나** 아니요, _____ .

❸

**가** 오늘 산에 가요?

**나** 아니요, _____ .

❹

**가** 극장에서 영화를 봤어요?

**나** 아니요, _____ .

❺

**가** 아이스크림을 먹어요?

**나** 아니요, _____ .

### N부터 N까지

월요일부터 금요일까지 한국어를 공부해요.

3시부터 9시까지 아르바이트가 있어요.

1번부터 10번까지 듣고 쓰세요.

내일부터 방학이에요.

언제부터 한국어를 배우셨어요?

---

### 감기에 걸리다

날씨가 추워서 감기에 걸렸어요.

감기에 걸려서 약을 먹을 거예요.

지훈 씨가 감기에 걸려서 학교에 못 갔어요.

---

### 감기

### 열이 나다 / 열이 있다

열이 많이 나요.
열이 있어서 약을 먹었어요.

### 기침을 하다

어제부터 기침을 했어요.
에리나 씨가 기침을 많이 해서 집에 갔어요.

### 콧물이 나다

감기에 걸려서 콧물이 났어요.
콧물이 나서 병원에 가요.

| | |
|---|---|
| 의사 | 어디가 아프세요? |
| 환자 | 목도 아프고 머리도 아파요. |
| 의사 | 언제부터 아팠어요? |
| 환자 | 수요일부터 아팠어요. |
| | 어제는 머리가 많이 아파서 못 일어났어요. |
| 의사 | 오늘은 어때요? |
| 환자 | 오늘은 콧물도 나요. |
| 의사 | 감기입니다. 식사를 하고 약을 드세요. 물도 많이 드세요. |
| 환자 | 네, 알겠습니다. |
| 의사 | 그리고 다음 주 월요일에 다시 오세요. |

새 단어

목

**1** 여기는 어디예요?

_____ .

**2** 이 사람은 어디가 아파요? 모두 고르세요.

① 목이 아파요.

② 콧물이 나요.

③ 기침을 해요.

④ 머리가 아파요.

**3** 맞으면 O, 틀리면 X 하세요.

① 수요일에는 아프지 않았어요. ( )

② 어제 아파서 못 일어났어요. ( )

③ 밥을 먹고 약을 먹습니다. ( )

④ 월요일에 또 여기에 올 거예요. ( )

**4** 감기에 걸렸어요. 여러분 나라에서는 어떻게 합니까? 무엇을 먹습니까?
이야기해 보세요.

Track32

## 듣고 말하기

잘 듣고 맞으면 O, 틀리면 X 하세요.

1. 시간이 없어서 산에 못 갔어요. (   )

2. 명동에서 영화도 보고 시내 구경도 했어요. (   )

3. 버스를 타고 지하철역에 갔어요. (   )

새 단어

내리다
시내

# 우리 같이 대학로에 갈까요?

Track33

아래 그림을 보고 이야기합시다.

1. 오늘 오후에 무엇을 할 거예요?
2. 누구와 같이 갈 거예요?
3. 대학로에서 무엇을 할 거예요?

| | |
|---|---|
| 벤자민 | 제니 씨, 오늘 오후에 뭘 할 거예요? |
| 제 니 | 저는 대학로에서 지훈 씨를 만날 거예요. |
| 벤자민 | 거기에서 무엇을 할 거예요? |
| 제 니 | 연극을 보고 거리를 구경할 거예요. |
| | 벤자민 씨는 뭘 할 거예요? |
| 벤자민 | 저는 약속이 없어서 집에서 쉴 거예요. |
| 제 니 | 그러면 우리 같이 대학로에 갈까요? |
| 벤자민 | 그러지요. |
| 제 니 | 오늘은 길이 복잡하니까 어서 갑시다. |

# 우리 같이 도서관에 갈까요?

**가** (우리 같이) 도서관에 갈까요?

**나** 네, (우리 같이) 도서관에 갑시다.

V-(으)ㄹ까요? / V-(으)ㅂ시다

가 (우리 같이) 공부할까요?
나 네, 공부합시다.

가 한국 식당에서 저녁을 먹을까요?
나 네, 우리 같이 저녁을 먹읍시다.

가 학교 앞에서 버스를 탈까요?
나 네, 버스를 탑시다.

| V | V-(으)ㄹ까요? | V-(으)ㅂ시다 |
|---|---|---|
| 가다 | 갈까요? | 갑시다 |
| 보다 | | |
| 먹다 | | |
| 입다 | | |

[보기]와 같이 대답하세요.

| V | V-(으)ㄹ까요? / V-(으)ㅂ시다 |
|---|---|
| ‖보기‖<br><br>커피/마시다 | 가  커피를 마실까요?<br>나  네, 커피를 마십시다. |
| ❶ 공원/가다 | 가 _____ ?<br>나 _____ . |
| ❷ 제니 씨/만나다 | 가 _____ ?<br>나 _____ . |
| ❸ 영화/보다 | 가 _____ ?<br>나 _____ . |
| ❹ 도서관/공부하다 | 가 _____ ?<br>나 _____ . |
| ❺ 명동/쇼핑하다 | 가 _____ ?<br>나 _____ . |

| 보기 |

가  어디에서 책을 읽을까요?
나  도서관에서 책을 읽읍시다.

---

**❶**

가  어디에서 밥을 먹을까요?
나  _____ .

**❷**

가  어디에서 친구를 만날까요?
나  _____ .

**❸**

가  어디에서 커피를 마실까요?
나  _____ .

**❹**

가  언제 여행을 갈까요?
나  _____ .

**❺**

가  몇 시에 만날까요?
나  _____ .

1. 가 내일 같이 어디에 갈까요?

   나 _____ .

2. 가 또 누구와 같이 갈까요?

   나 _____ .

3. 가 무엇을 탈까요?

   나 _____ .

4. 가 거기에서 무엇을 할까요?

   나 _____ .

5. 가 집으로 몇 시에 돌아올까요?

   나 _____ .

지하철

버스

택시

자동차

자전거

기차

배

비행기

KTX

버스 정류장

지하철역

기차역

공항

길이 복잡하니까 지하철을 타세요.

A/V-(으)니까 / N(이)니까

배가 고프니까 식당에 갑시다.
시험이 있으니까 공부하세요.
더우니까 아이스크림을 먹을까요?
날씨가 추우니까 빨리 집에 갑시다.
내일은 주말이니까 쇼핑합시다.

| 보기 |  | 비가 오다 / 우산을 사다 → 비가 오니까 우산을 살까요? |

①    시간이 없다 / 내일 만나다 → _____ ?

②    날씨가 춥다 / 집에 가다 → _____ ?

③    머리가 아프다 / 집에서 쉬다 → _____ ?

④    시험이 있다 / 도서관에서 공부하다 → _____ ?

① 아프다   •   • 병원에 가다  → _____

② 복잡하다   •   • 수영장에 가다  → _____

③ 비싸다   •   • 시장에 가다  → _____

④ 덥다   •   • 택시를 타다  → _____

## 한 걸음 더!

### 그러지요

우리 커피 마실까요?

➜ 그러지요.

다섯 시에 만납시다.

➜ 그러지요.

### 어서

어서 갑시다.
어서 드세요.
시간이 없으니까 어서 먹을까요?

### 빨리

시간이 없어서 밥을 빨리 먹었어요.
비가 오니까 집에 빨리 갑시다.
늦었으니까 빨리 일어나세요.

승 기   마리 씨, 내일 무엇을 해요?

마 리   약속이 없어서 집에서 쉴 거예요.

승 기   우리 같이 공원에 갈까요?

마 리   내일은 날씨가 추워서…….

승 기   그러면 극장에 갈까요? 요즘 미국 영화가 재미있어요.

마 리   네, 좋아요. 영화를 봅시다.

　　　　승기 씨, 내일 몇 시에 만날까요? 같이 점심을 먹고 영화를 볼까요?

승 기   미안해요. 내일 점심에는 가족과 같이 밥을 먹을 거예요.

마 리   그래요? 그럼 3시에 만날까요? 학교 앞 커피숍에서 만납시다.

승 기   네. 좋아요. 거기에서 만납시다.


내일 마리 씨와 승기 씨는 ① _____ 아/어서

공원에 안 갈 거예요.

② _____ 에 갈 거예요.

극장에서 영화를 ③ _____ .

승기 씨는 ④ _____ 와/과 같이 ⑤ _____ 을/를 먹고

마리 씨를 만날 거예요.

두 사람은 학교 앞 ⑥ _____ 에서 만날 거예요.

**1** ① 지금 몇 시예요?

_____ .

② 왜 택시를 타요?

_____ .

**2** ① 민지 씨는 왜 밥을 못 먹었어요?

_____ .

② 두 사람은 어디에 갈 거예요?

_____ .

**3** ① 마리 씨는 지금 무엇을 해요?

_____ .

② 두 사람은 왜 산에 가요?

_____ .

# 제18과 무엇을 하고 있어요?

**Track35**

아래 그림을 보고 이야기합시다.

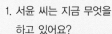

**새 단어**

| | |
|---|---|
| 걷다 | 묻다 |
| 끝나다 | 살다 |
| 아뇨 | 팝콘 |
| 인사동 | 천천히 |
| 어떻게 | 전화번호 |

**본문을 읽고 대답해 보세요**

1. 서윤 씨는 지금 무엇을 하고 있어요?
2. 언제 인사동에 갈 거예요?
3. 인사동에 어떻게 갈 거예요?
4. 두 사람은 인사동에서 무엇을 할 거예요?

| | |
|---|---|
| 서 윤 | 여보세요. |
| 벤자민 | 서윤 씨, 무엇을 하고 있어요? |
| 서 윤 | 음악을 듣고 있어요. |
| 벤자민 | 아, 그래요? 서윤 씨, 내일 인사동에 갈까요? |
| 서 윤 | 그러지요. |
| 벤자민 | 어떻게 갈까요? |
| 서 윤 | 가까우니까 천천히 걸어서 갑시다. |
| 벤자민 | 인사동에서 무엇을 할까요? |
| 서 윤 | 차를 마시면서 이야기합시다. |
| 벤자민 | 네, 좋아요. |

# 걸어서 갑시다

---

'ㄷ' 불규칙

학교에 걸어서 가요.
일요일에 공원에 가서 걷습니다.
친구에게 전화번호를 물어요.
저는 숙제를 하고 에리나 씨는 음악을 들어요.

---

| 기본형 | –아/어요 | –겠어요 | –(으)니까 | –아/어서 | –(으)ㅂ시다 |
|--------|---------|--------|----------|---------|-----------|
| 듣다 | | | | | |
| 걷다 | | | | | |
| 묻다 | | | | | |
| 받다 | | | | | |

---

**연습합시다 1**    빈칸에 알맞은 단어를 쓰세요.

① 어제 집에서 한국 음악을 _____. (듣다)

② 날씨가 좋으니까 한강에 가서 _____. (걷다)

③ 숙제가 너무 어려워서 선생님께 _____. (묻다)

## 문법02 음악을 듣고 있어요

요리하고 있어요.

V-고 있다

저는 편지를 쓰고 있어요.
저는 지금 한국에서 살고 있어요.
요즘 무엇을 배우고 있어요?
지하철을 기다리고 있어요.

**┃보기┃**

**가** (어디/한국어를 배우다) 어디에서 한국어를 배우세요?

**나** (한국어학당/배우다) 한국어학당에서 배우고 있어요.

① **가** (몇 번 버스/기다리다) _____ ?

  **나** (10번 버스/기다리다) _____ .

② **가** (무엇/먹다) _____ ?

  **나** (불고기/먹다) _____ .

③ **가** (어디/한국 음악을 듣다) _____ ?

  **나** (집/한국 음악을 듣다) _____ .

④ **가** (무엇/하다) _____ ?

  **나** (도서관/숙제를 하다) _____ .

① 가 요즘 어디에서 공부해요?

　나 _____ .

② 가 지금 무엇을 먹어요?

　나 _____ .

③ 가 지금 어디에 살아요?

　나 _____ .

④ 가 지금 무엇을 가르쳐요?

　나 _____ .

⑤ 가 지금 무엇을 해요?

　나 _____ .

# 차를 마시면서 이야기를 해요

영화를 보면서 팝콘을 먹어요.

V-(으)면서

숙제를 하면서 커피를 마셨습니다.
학교에 가면서 음악을 듣겠어요.
친구와 같이 걸으면서 이야기했어요.
밥을 먹으면서 텔레비전을 봤어요.

[보기]와 같이 대답하세요.

| 보기 | 지금/커피를 마시다/친구를 기다리다 → 커피를 마시면서 친구를 기다려요.

1 (어제/영화를 보다/빵을 먹다) → _____ .

2 (내일/음악을 듣다/집에서 쉬다) → _____ .

3 (어제/텔레비전을 보다/차를 마시다) → _____ .

4 (오늘/공원을 걷다/이야기를 하다) → _____ .

5 (지금/책을 읽다/음악을 듣다) → _____ .


[보기]에서 알맞은 단어를 찾아 문장을 완성하세요.

| 보기 | 듣다     마시다     걷다     타다

저는 학교에 _____서 가요. 학교에 가서 한국어를 배워요.

수업이 끝나고 친구와 같이 커피숍에 가요. 커피숍에서 차를 _____ (으)면서

음악을 _____ 아/어요.

저녁에 우리는 집에 돌아가요. 나는 _____ 아/어서 가고

친구는 버스를 _____고 가요.

┃보기┃

**가** 무엇을 해요?

**나** 차를 마시면서 이야기해요.

---

❶

**가** 무엇을 해요?

**나** _____ .

---

❷

**가** 무엇을 할 거예요?

**나** _____ .

---

❸

**가** 무엇을 해요?

**나** _____ .

---

❹

**가** 무엇을 했어요?

**나** _____ .

### 천천히

밥을 천천히 드세요.
천천히 가면서 이야기해요.
시간이 많으니까 천천히 갑시다.

### N 을/를 타고 가다[오다]

무엇을 타고 갈까요?
→ 버스를 타고 갑시다.

택시를 타고 갈까요?
→ 길이 복잡하니까 지하철을 탑시다.

무엇을 타고 오셨어요?
→ 버스를 타고 왔어요.

### 걸어(서) 가다[오다]

저는 학교에 걸어서 와요.
집이 가까우니까 걸어서 갑시다.

버스를 타고 왔어요?
→ 아뇨, 걸어서 왔어요.

### 어떻게 갈까요?

어떻게 갈까요?
→ 지하철을 타고 갑시다.

어떻게 갈까요?
→ 가까우니까 걸어서 갑시다.

어떻게 갈까요?
→ 비가 오니까 택시를 탑시다.

**새 단어**

한강
넓다
나무
정말
팀
유람선
이기다
깨끗하다

서윤 씨는 친구들과 같이 한강에 갔습니다.

한강은 넓고 깨끗했습니다. 그리고 나무도 아름다웠습니다.

거기에서 서윤 씨는 친구들과 같이 점심을 먹으면서 이야기했습니다.

그리고 자전거를 타고 게임을 했습니다.

서윤 씨 팀이 이겼습니다. 그래서 선물을 많이 받았습니다.

벤자민 씨가 말했습니다.

"서윤 씨, 한강이 정말 좋아요. 다음 주말에 다시 올까요?"

"네, 다시 옵시다."

"다음 주에는 우리 유람선을 탑시다."

① 맞으면 O, 틀리면 X 하세요.

① 어제 서윤 씨는 가족과 같이 한강에 갔습니다.　　　（　　）

② 한강은 넓고 꽃이 아름다웠습니다.　　　（　　）

③ 서윤 씨와 친구들은 이야기하면서 점심을 먹었습니다.（　　）

④ 서윤 씨는 다음 주에 혼자 한강에 갈 겁니다.　　　（　　）

② 친구들과 같이 한강에서 뭘 했어요?

　　　　　　　　　　　　　　　　　　　.

③ 서윤 씨는 왜 선물을 받았어요?

　　　　　　　　　　　　　　　　　　　.

**1** 이 글은 무엇입니까?

① 편지                    ② 소설            ③ 일기

**2** 오늘 흐엉 씨는 무엇을 했어요? 순서대로 쓰세요.

| ① 집에 돌아가요. | ② 영화를 봐요 | ③ 학교에 가요. |
|---|---|---|
| ④ 숙제를 해요. | ⑤ 남자 친구를 만나요. | ⑥ 밥을 먹어요. |

( ③ ) → (     ) → (     ) → (     ) → (     ) → ( ⑥ )

**3** 듣고 쓰세요.

흐엉 씨는 요즘 한국에서 한국어를 ① _____ .

수업이 끝나고 음악을 ② _____ 집에 걸어 왔습니다.

흐엉 씨는 ③ _____ 에서 남자 친구를 만났어요.

두 사람은 밥을 ④ _____ 영화 이야기를 했습니다.

# 제19과 방학에 여행을 가려고 해요

Track37

아래 그림을 보고 이야기합시다.

**새 단어**

| | |
|---|---|
| 홍콩 | 호텔 |
| 여권 | 결혼 |
| 떠나다 | 드라마 |
| 예약하다 | 좋아하다 |
| 여자 친구 | 준비하다 |
| 여행(을) 하다 | |

**본문을 읽고 대답해 보세요**

1. 제니 씨는 누구와 같이 여행을 가려고 해요?
2. 어디로 여행을 가려고 해요?
3. 오늘 무엇을 해야 해요?

왕 홍    제니 씨는 방학에 무엇을 하려고 해요?

제 니    저는 친구들과 같이 여행을 가려고 해요.

왕 홍    어디에 갈 거예요?

제 니    홍콩으로 갈 거예요.

왕 홍    언제 떠나요?

제 니    다음 주말에 떠나려고 해요.

왕 홍    비행기 표를 샀어요?

제 니    아니요, 오늘 비행기 표를 사야 해요.
         호텔도 예약해야 해요.

주말에 무엇을 하려고 해요?

공원에서 자전거를 타려고 해요.

V-(으)려고 하다

오후에 무엇을 하려고 해요?
친구와 함께 영화를 보려고 해요.
집에서 쉬려고 해요.
매일 신문을 읽으려고 해요.
한국 노래를 들으려고 해요.

| V | V-(으)려고 해요 |
|---|---|
| 보다 | |
| 먹다 | |
| 읽다 | |
| 만나다 | |
| 걷다 | |

[보기]와 같이 대답하세요.

**보기**

가  주말에 무엇을 하려고 해요?

나  한국어 공부를 하려고 해요.

---

①

가  내일 어디에 가려고 해요?

나  _____ .

②

가  시장에서 무엇을 사려고 해요?

나  _____ .

③

가  무엇을 타려고 해요?

나  _____ .

④

가  내일 무엇을 하려고 해요?

나  _____ .

⑤

가  다음 주에 무엇을 하려고 해요?

나  _____ .

'V-(으)려고'를 사용해서 문장을 완성하세요.

**∥보기∥**  가다    걷다    보다    사다

① 친구 생일 선물을 _____ 해요.

② 여행을 _____ 해요. 여권을 준비할 거예요.

③ 오늘 저녁에 공원을 _____ 해요. 같이 갈까요?

④ 명동에 갈 거예요. 영화를 _____ 해요.

문장을 만들어 보세요.

① 김 선생님을, 에리나는, 만나려고, 다음주에, 합니다

    _____ .

② 영화를 보고, 도서관에, 영화관에서, 갔어요. 저는

    _____ .

③ 오늘은, 같이, 없으니까, 시간이, 내일, 갑시다

    _____ .

④ 좋아하지만, 마리 씨는, 바빠서, 운동을, 자주, 못해요

    _____ .

# 시험이 있어서 공부를 해야 해요

내일 시험이 있어요.

공부를 해야 해요.

## V-아야/어야 하다

책을 읽어야 해요.
교실에서 한국말을 해야 해요.
오늘 여자 친구를 만나야 해요.
미국에 가려고 해요. 여권이 있어야 해요.

| V | V-아야/어야 해요 |
|---|---|
| 보다 | |
| 먹다 | |
| 읽다 | |
| 만나다 | |

**│ 보기 │**

→  학교에 가야 해요.

①

→ _____ .

②

→ _____ .

③

→ _____ .

④

→ _____ .

┃보기┃    친구가 버스정류장에서 저를 기다려요.

→ 버스정류장에 가야 해요.

① 아버지께서 한국에 도착했어요.

→ _____ .

② 오늘 제 남자 친구의 생일이에요.

→ _____ .

③ 어머니께서 많이 아프세요.

→ _____ .

④ 돈이 없어요.

→ _____ .

① 오늘 제 생일이에요. 우리 집에 친구들이 와요. 무엇을 준비해야 해요?

_____

② 다음 주에 여행을 가요. 무엇을 준비해야 해요?

_____

③ 내일 시험이 있어요. 무엇을 준비해야 해요?

_____

### N(으)로 가다/오다

지하철역으로 가야 해요.
9시까지 교실로 오세요.

이 버스는 어디로 가요?
→ 명동역으로 가요.

### 이번[지난, 다음] N

이번 시험이 어려웠어요?
지난 방학에 무엇을 하셨어요?
다음 주말에 같이 바다에 갈까요?

### 여행을 하다/가다

방학에 여행(을) 할 거예요.
제주도로 여행(을) 갑시다.
언제 여행을 갈까요?

### N을/를 떠나다

여기를 떠나려고 합니다.
다음 주에 한국을 떠날 거예요.
마이클 씨가 지난주에 서울을 떠났어요.

안녕하세요. 만나서 반갑습니다.

저는 한국어학당에서 한국어를 가르치고 있어요.

한국어 공부가 어떻습니까?

한국어 공부가 어렵습니까?

그러면 한국어 공부를 어떻게 해야 해요?

　　1. 매일 예습, 복습을 해야 해요.

　　2. 숙제를 꼭 해야 해요.

　　3. 한국 드라마, 영화를 많이 봐야 해요.

　　4. 한국어 CD를 들으면서 따라해야 해요.

자! ㉠ _____

**새 단어**

예습
복습
따라하다
열심히
CD(씨디)

① 맞는 것을 모두 고르세요.

　① 이 사람은 한국어를 배우고 있어요.

　② 주말에 예습과 복습을 해야 해요.

　③ 한국어 공부는 어려워요.

　④ 한국어를 많이 들어야 해요.

② ㉠에 들어갈 문장을 고르세요.

　① 여러분, 한국어가 재미없어요!

　② 여러분, 학교 도서관에 가세요!

　③ 여러분, 한국어를 열심히 공부하세요!

　④ 여러분, 한국 친구와 커피숍에서 이야기하세요!

① 여기는 어디입니까?

①   ②   ③

② 어디에서 친구를 만나야 해요?

_____

③ 맞으면 O, 틀리면 X 하세요.

서울역에서 친구를 만나야 해요.  (    )

택시를 타고 남산에 가요.  (    )

택시 요금은 4,000원이에요.  (    )

새 단어

충무로역
남산

# 제20과 한국 음식을 만들 수 있어요?

Track39

아래 그림을 보고 이야기합시다.

새 단어

| | |
|---|---|
| 키 | 축구 |
| 멀다 | 들다 |
| 다리 | 맥주 |
| 만들다 | 태권도 |
| 케이크 | 들어오다 |
| 놀이공원 | |
| 이리/그리/저리 | |

본문을 읽고 대답해 보세요

1. 왕홍 씨는 어디에 갔어요?
2. 흐엉 씨는 무엇을 하고 있어요?
3. 그것을 누구에게 배웠어요?
4. 왕홍 씨는 한국 음식을 잘 만들어요?
5. 왕홍 씨는 중국 음식을 만들 수 있어요?

흐 엉  누구세요?

왕 홍  왕홍이에요.

흐 엉  네, 들어오세요.

---

흐 엉  이리 앉으세요.

왕 홍  흐엉 씨, 뭘 만드세요?

흐 엉  불고기를 만들고 있어요.

왕 홍  불고기를 만들 수 있어요?

흐 엉  네, 지난주에 친구에게 배웠어요.
　　　 왕홍 씨는 한국 음식을 만들 수 있어요?

왕 홍  아니요, 잘 못 만들어요.
　　　 하지만 중국 음식을 잘 만들어요.

**'ㄹ' 불규칙**

어디에 사세요?
음식을 만드니까 빨리 오세요.
집에서 학교가 멉니까?
할머니와 할아버지께서 저녁을 드십니다.

| 기본형 | -아/어요 | -(스)ㅂ니다 | -(으)니까 | -(으)면서 | -(으)세요 |
|---|---|---|---|---|---|
| 살다 | | | | | |
| 만들다 | | | | | |
| 멀다 | | | | × | × |

[보기]에서 알맞은 단어를 찾아 문장을 완성하세요.

**┃보기┃**

알다      만들다      멀다      살다      들다

① **가** 선생님의 댁을 _____ ?(-(으)세요)
  **나** 네, 알아요.

② 저는 어제 케이크를 _____ (-(으)면서) 노래를 했어요.

③ 에리나 씨는 학교 근처에서 _____ .(-(스)ㅂ니다)

④ 밥을 많이 _____ .(-(으)세요)

⑤ 집이 _____ (-(으)니까) 빨리 가세요.

빈칸에 알맞게 쓰세요.

① **가** 어머니는 무엇을 하세요?
  **나** 어머니는 불고기를 (만들다) _____ .(-(으)세요)

② **가** 집이 가깝습니까?
  **나** 아니요, (멀다) _____ .(-(스)ㅂ니다)

③ **가** 저분을 (알다) _____ ?(-(으)세요)
  **나** 네, 알아요. 우리 선생님이세요.

④ **가** 어디에 (살다) _____ ?(-(스)ㅂ니까)
  **나** 서울에 (살다) _____ .(-(스)ㅂ니다)

① 오늘은 날씨가 좋으니까 (걷다) _____ (으)면서 구경을 합시다.

② 날씨가 (좋다) _____ 지만 아주 (춥다) _____ 아/어요.

③ 어제 (아프다) _____ 아/어서 병원에 갔어요.

④ 어제 놀이공원에 갔어요. 아주 (즐겁다) _____ 았/었어요.

⑤ 어머니께 편지를 (쓰다) _____ 았/었어요.

⑥ 학교에서 명동이 (멀다) _____ (으)니까 지하철을 타고 갑시다.

⑦ 이 불고기를 (들다) _____ (으)세요. 아주 맛있어요.

⑧ **가** (우리 같이) 무슨 음악을 (듣다) _____ (으)ㄹ까요?
　 **나** (우리 같이) 한국 음악을 (듣다) _____ (으)ㅂ시다.

⑨ 왕홍 씨는 음악을 (듣다) _____ (으)면서 편지를 쓰고 있어요.

⑩ 지난주에 (바쁘다) _____ 아/어서 고향에 못 갔어요.

⑪ 한국어는 재미있지만 (어렵다) _____ 아/어요.

⑫ 에리나 씨는 참 (키가 크다) _____ 고 (예쁘다) _____ 아/어요.

⑬ 어제는 숙제가 많아서 (바쁘다) _____ 지만 오늘은 시간이 있어요.

⑭ 친구와 같이 불고기를 (만들다) _____ 아/어서 먹었어요.

한국 신문을 읽을 수 있어요.    몽골 신문을 읽을 수 없어요.

V-(으)ㄹ 수 있다[없다]

영화관에 같이 갈 수 있어요?
나는 한국어를 할 수 있어요.
다음 주에 시험이 있어서 영화를 볼 수 없어요.
다리가 아파서 걸을 수 없어요.

| | N을/를 | V-(으)ㄹ 수 있어요 |
|---|---|---|
| 한국어 책/읽다 | | |
| 영어/하다 | | |
| 한국 음식/만들다 | | |
| 한국 음악/듣다 | | |

| | N을/를 | V-(으)ㄹ 수 없어요 |
|---|---|---|
| 한국 영화/보다 | | |
| 일본어/가르치다 | | |
| 편지/쓰다 | | |
| 김치/먹다 | | |

**┃보기┃**

가 왜 학교에 안 가요?

나 (배가 아프다) 배가 아파서 학교에 갈 수 없어요.

① 가 왜 영화를 못 봐요?

나 (시간이 없다) _____ .

② 가 왜 공원에 안 가요?

나 (날씨가 나쁘다) _____ .

③ 가 왜 친구를 안 만나요?

나 (오늘은 바쁘다) _____ .

(오늘)

④ 가 왜 김치를 안 먹어요?

나 (김치가 맵다) _____ .

❶  **가**  운전할 수 있어요?

    **나** _____ .


❷  **가**  오늘 같이 영화를 볼 수 있어요?

    **나** _____ .


❸  **가**  김치를 먹을 수 있어요?

    **나** _____ .


❹  **가**  같이 운동할 수 있어요?

    **나** _____ .


❺  **가**  일본어를 할 수 있어요?

    **나** _____ .

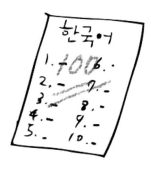

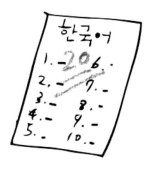

한국어를 잘해요.                     한국어를 잘 못해요.

잘[잘 못] V

지훈 씨는 노래를 잘해요.

가 불고기를 잘 만들어요?
나 아뇨, 잘 못 만들어요.

가 김치를 잘 먹어요?
나 아뇨, 잘 못 먹어요.

가 맥주를 잘 마셔요?
나 네, 맥주를 잘 마셔요.

① 가 한국어 책을 잘 읽어요?

　　나 네, _____ .


② 가 자전거를 잘 타요?

　　나 네, _____ .


③ 가 운전을 잘해요?

　　나 네, _____ .


④ 가 김치를 잘 먹어요?

　　나 아뇨, _____ .


⑤ 가 축구를 잘해요?

　　나 아뇨, _____ .


'잘 V, 잘 못 V' 를 사용하여 친구들과 이야기해 보세요.

| | 나 | 친구 |
|---|---|---|
| 노래를 잘해요? | | |
| 영어를 잘해요? | | |
| 수영을 잘해요? | | |
| 요리를 잘해요? | | |

(N에서) 가깝다[멀다]

학교가 집에서 가까워요.
명동이 학교에서 가깝습니다.
중국이 한국에서 가까워요.

미국이 한국에서 멀어요.
백화점이 여기에서 멀어요?
지하철역이 학교에서 멀어요.

N에게 N을/를 배우다

선생님에게 한국어를 배워요.
친구에게 기타를 배웠어요.
지훈 씨에게 태권도를 배우고 있어요.

이리/그리/저리

이리 빨리 오세요.
지하철역이 어디에 있어요?
→ 저리 가세요. 지하철역이 있어요.

식당에 가려고 해요. 어디로 가요?
→ 그리 가세요.

N에(서) 살다

부모님이 중국에서 사세요.
어디에 살아요?
→ 사당역 옆에 살고 있어요.

다음을 읽고 질문에 답하세요.

우리 고향은 눈이 오지 않습니다.

그렇지만 한국은 겨울에 눈이 자주 옵니다. 그래서 좋습니다.

지난 겨울에 스키장에 갔습니다. 무서웠지만 재미있었습니다.

스키장은 서울에서 멉니다. 그래서 자주 못 갔습니다.

저는 지난 겨울에 스키를 배워서 탈 수 있지만 잘 못 타요.

이번 겨울에도 스키장에 갈 겁니다.

친구들과 같이 스키를 탈 겁니다.

**새 단어**

눈
스키
스키장
무섭다

❶ 나는 왜 겨울이 좋습니까?

_____ .

❷ 나는 스키를 잘 탑니까?

_____ .

❸ 맞으면 O, 틀리면 X 하세요.

① 고향에 눈이 안 옵니다. (        )

② 고향에서 스키를 배웠습니다. (        )

③ 친구들이 스키를 못 타요. (        )

듣고 말하기   다음을 듣고 질문에 답하세요.

① 벤자민 씨는 요즘 무슨 운동을 해요?

_____

새 단어

농구
태권도장

② 벤자민 씨는 한국에서 왜 농구를 못해요?

_____

③ 벤자민 씨는 태권도를 배워요. 그것이 왜 좋아요?

_____

④ '이 운동'은 무엇입니까? 쓰세요.
   ① 요즘 이 운동을 배웁니다.                 (          )
   ② 이 운동을 월요일과 수요일에 합니다.       (          )
   ③ 한국에서 이 운동을 못 합니다.            (          )
   ④ 친구를 만날 수 있어서 이 운동이 좋습니다. (          )

# 제21과 생일 파티를 해요

Track41

아래 그림을 보고 이야기합시다.

**새 단어**

| | |
|---|---|
| 꼭 | 반 |
| 수업 | 부채 |
| 시골 | 요리 |
| 생선 | 등산 |
| 계절 | 동물 |
| 배우 | 고양이 |
| 드리다 | 지내다 |
| 졸업하다 | |

**본문을 읽고 대답해 보세요**

1. 벤자민 씨는 내일 학교에 가요?
2. 벤자민 씨와 승기 씨는 내일 무엇을 할 거예요?
3. 승기 씨는 제니 씨에게 무엇을 줄 거예요?
4. 벤자민 씨는 제니 씨에게 무엇을 줄 거예요?
5. 벤자민 씨는 왜 제니 씨에게 꽃을 줄 거예요?

승 기  벤자민 씨, 내일 시간 있어요?

벤자민  네, 내일 수업이 없어서 쉬려고 해요. 왜요?

승 기  그러면, 제니 씨 집에 같이 갈까요?

내일이 제니 씨 생일이에요.

친구들과 같이 생일 파티를 할 거예요.

벤자민  그래요? 저도 가겠어요.

그런데 승기 씨, 무슨 선물을 줄 거예요?

승 기  저는 한국 부채를 주려고 해요. 벤자민 씨는요?

벤자민  저는 제니 씨가 꽃을 좋아해서 장미를 주고 싶어요.

승 기  좋아요. 그러면 우리 내일 만납시다!

저는 친구에게 책을 줍니다.

저는 선생님께 책을 드립니다.

어머니는 저에게 과일을 주십니다.

N에게(께) N을/를 주다[드리다]

저는 친구에게 꽃을 주었어요.
선생님은 학생들에게 매일 숙제를 주십니다.
동생은 아버지께 신문을 드렸어요.
왕홍 씨는 에리나 씨에게 선물을 줄 거예요.

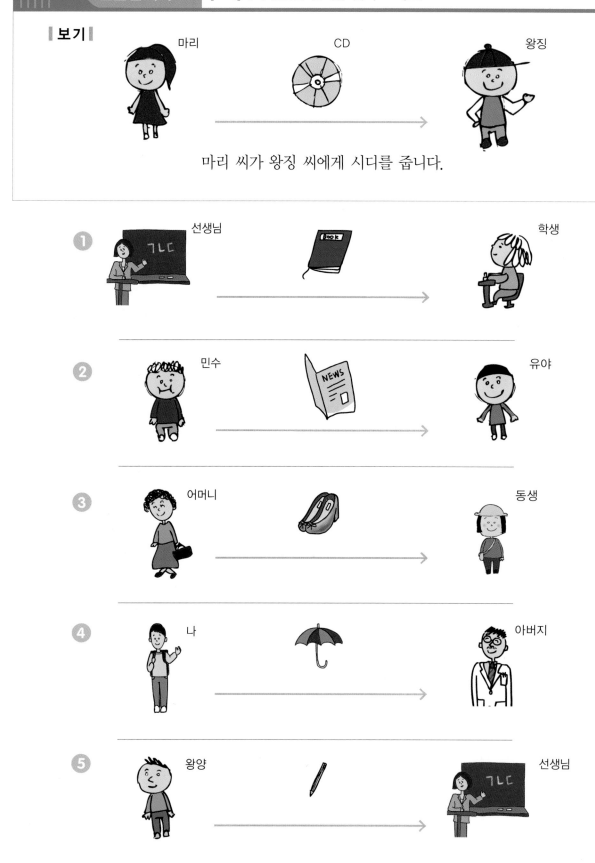

보기

마리　　　　CD　　　　왕징

마리 씨가 왕징 씨에게 시디를 줍니다.

① 선생님　　　　　　　　　　　학생

② 민수　　　NEWS　　　유야

③ 어머니　　　　　　　　　동생

④ 나　　　　　　　　아버지

⑤ 왕양　　　　　　　　선생님

한국에서 혼자 살아요.

가족이 보고 싶어요.

V-고 싶다

커피를 마시고 싶어요.
너무 피곤해서 쉬고 싶었어요.
제주도에 꼭 가고 싶습니까?
한국어를 배우고 싶어서 한국에 왔어요.

┃보기┃

불고기를 먹다 → 저는 불고기를 먹고 싶어요.

① 한국 영화를 보다 → 저는 한국 영화를 _____ .

② 프랑스어를 배우다 → 저는 프랑스어를 _____ .

③ 어머니를 만나다 → 저는 어머니를 _____ .

④ 물을 마시다 → 저는 물을 _____ .

⑤ 가방을 사다 → 저는 가방을 _____ .

⑥ 한국 회사에 다니다 → 저는 한국 회사에 _____ .

⑦ 한국 노래를 듣다 → 저는 한국 노래를 _____ .

⑧ 제주도를 여행하다 → 저는 제주도를 _____ .

⑨ 신문을 읽다 → 저는 신문을 _____ .

┃보기┃

돌아가다     보다     하다     살다     먹다     다니다

① 가 다니엘 씨, 졸업하고 무엇을 _____ ?

　 나 한국회사에 _____ .

② 주말에 수업이 없어서 영화를 _____ .

③ 저는 결혼하고 가족들과 시골에서 _____ .

④ 내년에는 꼭 고향에 _____ .

⑤ 오늘 저녁에 무엇을 _____ .

## 문법03 꽃을 좋아해요

저는 강아지를 좋아해요.

제 동생은 강아지를 싫어해요.

N을/를 좋아하다[싫어하다]
N이/가 좋다[싫다]

저는 한국 노래를 좋아해요.
저는 토요일이 좋아요.
우리 어머니는 요리를 좋아하세요.
고기를 좋아하지만 생선을 싫어해요.

┃보기┃

좋아하다      싫어하다      좋다      싫다

① 저는 산이 _____ 아/어서 토요일에 등산을 가요.

② 저는 운동을 _____ 지만 제 친구는 운동을 _____ 아/어요.

③ 에리나 씨는 커피를 _____ 아/어서 안 마셔요.

④ 친구들을 만날 수 없어서 저는 주말이 _____ 아/어요.

⑤ 과일을 _____ 아/어서 사과와 바나나를 샀어요.

① 가 무슨 계절을 좋아해요?

　　나 _____ .


② 가 무슨 음식을 좋아해요?

　　나 _____ .


③ 가 무슨 동물을 좋아해요?

　　나 _____ .


④ 가 무슨 과일이 좋아요?

　　나 _____ .


⑤ 가 무슨 운동이 좋아요?

　　나 _____ .


⑥ 가 누가 좋아요? (한국 가수, 한국 배우, 우리 반 친구……)

　　나 _____ .

지내다

방학에 잘 지냈어요?

→ 네, 고향에서 쉬면서 잘 지냈어요.

주말에 무엇을 하면서 지냈어요?

→ 친구를 만나고 쇼핑도 하면서 지냈어요.

N은/는요?

저는 한국어가 어려워요. 에리나 씨는요?

→ 저도 한국어가 어려워요.

저는 여름이 좋아요. 서윤 씨는요?

→ 저는 겨울이 좋아요.

왕홍 씨에게

안녕하세요? 왕홍 씨! 잘 지내고 있어요?

저는 지금 방학이에요. 그래서 집에서 쉬고 있어요.

그렇지만 지난주에 시험이 많아서 조금 바빴어요.

우리가 작년부터 편지를 주고 받고 전화도 했어요.

시간이 참 빠릅니다.

왕홍 씨를 만나지 못했지만 다음 주에 만날 수 있어서

아주 기쁩니다.

왕홍 씨는 무슨 음식을 좋아해요? 어디에 가고 싶어요?

무엇을 보고 싶어요?

비행기 시간이 몇 시예요? 제가 공항에 가겠어요.

왕홍 씨의 사진을 봐서 빨리 찾을 수 있어요.

그러면, 다음 주에 만납시다.

9월 15일

서울에서 승기

**새 단어**

찾다
카드

**1** 이 글은 무엇입니까?

① 일기　　② 편지　　③ 숙제　　④ 생일 카드

**2** 윗글과 맞는 것은 무엇입니까?

① 두 사람은 작년에 한 번 만났어요.

② 승기는 지금 시험이 있어서 바빠요.

③ 두 사람은 편지도 쓰고 전화도 했어요.

④ 두 사람은 다음 주에 같이 여행을 할 거예요

① 오늘 부모님께 무슨 선물을 드릴 거예요? 모두 고르세요.

① 　② 　③ 　④

② 제니 씨는 무슨 과일을 잘 먹지 않습니까? 왜요?

① 　② 　③ 　④

왜 : (　　　　　　　　　　　　　　　　　)

③ 이번 방학에 무엇을 할 거예요? 맞으면 O, 틀리면 X 하세요.

① 한국 음악을 배울 거예요.　　　　　　　　　(　　)

② 친구와 같이 박물관에 가겠어요.　　　　　　(　　)

③ 학교에서 역사도 공부할 거예요.　　　　　　(　　)

④ 가족들과 같이 한국 문화를 소개할 거예요.　(　　)

새 단어

문화
미술
역사
부모님
박물관
어버이날
봄
딸기
여름
가을
수박

# 에리나 씨가 올까요?

**Track43**

아래 그림을 보고 이야기합시다.

**새 단어**

| | |
|---|---|
| 뭘요 | 아직 |
| 한번 | 문법 |
| 성격 | 가요 |
| 청소 | 아이들 |
| 감자탕 | 유행이다 |
| 유명하다 | 수고하다 |
| 미안하다 | |

**본문을 읽고 대답해 보세요**

1. 벤자민 씨는 왜 늦었어요?
2. 친구들은 누가 왔어요?
3. 누가 아직 안 왔어요?
4. 제니 씨는 에리나 씨에게 무엇을 할 거예요?

| | |
|---|---|
| 제 니 | 어서 오세요. 벤자민 씨! |
| 벤자민 | 늦어서 미안해요. 길이 매우 복잡했어요. |
| 제 니 | 괜찮아요. |
| 벤자민 | 생일 축하해요. 이거 제니 씨의 선물이에요. |
| 제 니 | 와! 정말 예뻐요. 고마워요. |
| 벤자민 | 뭘요. 친구들은 모두 왔어요? |
| 제 니 | 네, 승기 씨와 다니엘 씨가 왔어요. |
| | 그렇지만 에리나 씨가 아직 안 왔어요. |
| | 에리나 씨가 올까요? |
| 벤자민 | 네, 올 거예요. 한번 전화해 보세요. |
| 제 니 | 그러지요. |

# 오후에 비가 올까요?

**가** 오후에 비가 올까요?

**나** 네, 올 거예요.

---

(N이/가) A/V-(으)ㄹ까요?

(N이/가) A/V-(으)ㄹ 거예요

---

**가** 저 영화가 재미있을까요?

**나** 사람들이 저 영화를 많이 봐요. 재미있을 거예요.

**가** 이번 시험이 어려울까요?

**나** 문법이 많아서 어려울 거예요.

**가** 오늘 제니 씨가 학교에 올까요?

**나** 아니요, 아파서 못 올 거예요.

**가** 김 선생님이 교실에 계실까요?

**나** 지금 수업이 끝나서 교실에 안 계실 거예요.

[보기]와 같이 대답하세요.

| 보기 |

**가** 내일 날씨가 (좋다) 좋을까요?
**나** 네, 날씨가 좋을 거예요.

❶ **가** 교실이 (춥다) _____ ?

    **나** 아니요, 교실이 _____ .

❷ **가** 명동이 (복잡하다) _____ ?

    **나** 네, 명동이 _____ .

❸ **가** 제니 씨가 술을 (좋아하다) _____ ?

    **나** 아니요, _____ .

❹ **가** 에리나 씨가 한국 음악을 (듣다) _____ ?

    **나** 네, 한국 음악을 좋아해서 _____ .

❺ **가** 제시카 씨가 혼자 김치를 (만들 수 있다) _____ ?

    **나** 네, 어제 배워서 _____ .

**|보기|**

맛있다        계시다        있다        없다        좋다        읽다

① 가  이번 방학에 여행을 가려고 해요. 어디가 _____?

   나  날씨가 따뜻해서 제주도가 _____.

② 가  박 선생님을 만나고 싶어요. 사무실에 _____?

   나  네, 지금 사무실로 가셨어요. 아마 _____.

③ 가  이 식당 음식이 _____?

   나  네, 신문에서 봤어요. 아주 유명해요. _____.

④ 가  다음 주에 고향에 가려고 해요. 비행기 표가 _____?

   나  아니요, 비행기 표가 _____.

⑤ 가  사람들이 이 책을 많이 _____?

   나  네, 이야기가 아주 재미있어서 많이 _____.

# 한번 입어 보세요

백화점에서 옷을 사려고 해요.

한번 입어 보세요.

(한번) V-아/어 보다

어제 베트남 요리를 한번 먹어 봤어요. 아주 맛있었어요.

다음 주에 학교 앞 식당에 가 볼 거예요.

가 머리가 아파요.
나 그럼 이 약을 먹어 보세요. 괜찮을 거예요.

가 이 선생님이 어디 계세요?
나 사무실에 가 보세요.

가 감자탕이 어때요?
나 아주 맛있어요. 한번 드셔 보세요.

가 다니엘 씨가 참 멋있어요. 성격도 아주 좋아요.
나 그래요? 한번 만나 보겠어요.

**┃보기┃**

읽다          듣다          배우다          입다          타다

① **가** 요즘 이 바지가 유행이에요.

**나** 그래요? 그럼 한번 _____. (–고 싶어요)

② **가** 제니 씨, 요즘도 수영 배워요?

**나** 네, 아주 재미있어요. 흐엉 씨도 _____. (–(으)세요)

③ **가** 한국 소설책을 읽고 싶어요.

**나** 그럼 이 책을 _____. (–(으)세요)

이 소설이 아주 유명해요.

④ **가** 와! 저 자전거 보세요. 두 명이 함께 타고 있어요.

**나** 우리도 같이 한번 _____? (–(으)ㄹ까요)

⑤ **가** 무슨 음악을 듣고 있어요?

**나** 한국 가요를 듣고 있어요.

**가** 저도 _____. (–고 싶어요)

## 뭘요

에리나 씨, 오늘 정말 예뻐요.
→ 뭘요. 제니 씨도 예뻐요.

승기 씨, 저녁 잘 먹었어요. 정말 고마워요.
→ 뭘요.

혼자 교실 청소를 다 했어요? 수고했어요.
→ 뭘요.

## 아직

친구들이 아직 안 왔어요.
수업이 아직 시작하지 않았어요.
밥을 아직 못 먹었습니다.
한국어를 아직 잘 못해요.

제니    묘묘 씨, 고향이 어디예요?

묘묘    중국 북경이에요.

제니    그래요? 이번 방학에 중국에 여행을 가려고 해요.

묘묘    혼자 갈 거예요?

제니    네, 혼자 갈 거예요.
        친구들이 모두 바빠서 같이 갈 수 없어요.

묘묘    비행기 표를 샀어요?

제니    네, 지난주에 샀어요. 비행기 값이 조금 비쌌어요.

묘묘    방학에는 사람이 많을 거예요.

제니    많이 복잡할까요?

묘묘    관광지는 복잡할 거예요.
        그렇지만 여기저기 구경 많이 하세요. 재미있을 거예요.

제니    북경은 무슨 요리가 유명해요?

묘묘    북경 오리가 매우 유명해요.
        아주 맛있으니까 꼭 한번 드셔 보세요.

**새 단어**

북경 오리
관광객
관광지
여기저기

① 두 사람은 무슨 이야기를 하고 있습니까?

① 한국 관광지를 소개하고 있어요.

② 비행기 표를 사고 있어요.

③ 자기소개를 하고 있어요.

④ 중국 여행 이야기를 하고 있어요.

② 맞으면 O, 틀리면 X 하세요.

① 묘묘 씨는 중국 북경에 여행을 갔어요.                    (      )

② 제니 씨는 친구와 같이 가지 않을 거예요.                (      )

③ 지금은 방학이지만 관광객들이 없어서 복잡하지 않아요.   (      )

④ 제니 씨는 내일 비행기 표를 사야 해요.                  (      )

⑤ 묘묘 씨는 북경 요리를 소개했어요.                      (      )

① 흐엉 씨는 선생님께 무엇을 드렸어요?

_____ .

② 흐엉 씨는 이 요리를 누구와 같이 만들었어요?

_____ .

왜 같이 만들었어요?

_____ .

③ 이 음식이 어떻습니까?

_____ .

Track45

아래 그림을 보고 이야기합시다.

돈      전(에)
달러    돕다
잔돈    바꾸다

1. 다니엘 씨는 은행에 왜 갔어요?
2. 다니엘 씨는 한국에 언제 왔어요?
3. 돈을 바꿀 거예요. 무엇이 있어야 해요?
4. 다니엘 씨는 얼마를 바꿔요?

직 원    어떻게 오셨어요?

다니엘    달러를 한국 돈으로 바꾸고 싶어요.

직 원    얼마를 바꿔 드릴까요?

다니엘    200달러를 바꿔 주세요.

직 원    돈과 여권을 주세요.

         한국에는 언제 오셨어요?

다니엘    일 년 전에 왔어요.

직 원    어디에서 한국어를 배우세요?

다니엘    한국어학당에서 배우고 있어요.

직 원    아, 그래요? 여기 있습니다.

다니엘    네, 감사합니다.

숙제를 도와주세요.

## V-아/어 주다

9시까지 학교에 와 주세요.
선생님을 도와 드리세요.
할머니께 꽃을 사 드렸어요.
친구에게 영어를 가르쳐 줄 거예요.

돕다 + -아/어요

돕다 + -아/어서

돕다 + -(으)니까

돕다 + -(으)면서

돕다 + -아/어 주다

┃**보기**┃

(책을 읽다)

나   ⟶   미나     나는 미나 씨에게 책을 읽어 줍니다.

**①**     (밥을 사다)

에리나  ⟶  나

_____.

**②**     (어제 커피를 사다)

에릭  ⟶  나

_____.

**③**     (내일 어머니를 돕다)

나  ⟶  어머니

_____.

**④**     (가방을 만들다)

할머니  ⟶  나

_____.

**⑤**     (어제 한국어를 가르치다)

선생님  ⟶  링링

_____.

# 얼마를 바꿔 드릴까요?

**가** 얼마를 바꿔 드릴까요?

**나** 200달러를 바꿔 주세요.

(제가) V-(으)ㄹ까요?

(저에게) V-아/어 주세요

가 몇 시에 전화할까요?

나 5시쯤 전화해 주세요.

가 무슨 선물을 사 줄까요?

나 휴대 전화를 사 주세요.

가 수영을 가르쳐 드릴까요?

나 네, 수영을 가르쳐 주세요.

┃보기┃

가 무엇을 사 줄까요?
나 자전거를 사 주세요.

❶

가 뭘 도와 드릴까요?

나 _____ .

❷

가 생일에 무엇을 줄까요?

나 _____ .

❸

가 뭘 읽어 드릴까요?

나 _____ .

❹

가 무슨 노래를 가르쳐 줄까요?

나 _____ .

## 어떻게 오셨어요?

어떻게 오셨어요?

→ 머리가 아파서 왔어요.

어떻게 오셨어요?

→ 돈을 바꾸려고 왔어요.

어떻게 오셨어요?

→ 사전을 사려고 왔어요.

## N을/를 N(으)로 바꾸다

달러를 한국 돈으로 바꾸려고 해요.
이것을 잔돈으로 바꿔 주세요.
이 옷을 저 옷으로 바꿀 수 있어요?

## N서

| | |
|---|---|
| 어디에서 → | 어디서 |
| 여기에서 → | 여기서 |
| 저기에서 → | 저기서 |
| 거기에서 → | 거기서 |

어디서 밥을 먹을까요?
어제 제니 씨와 여기서 만났어요.
거기서 무엇을 해요?

## N 전에 / N 후에

9시 전에 학교에 와야 해요.      10분 후에 도착할 거예요.
며칠 전에 제인 씨를 만났어요.    일주일 후에 만날까요?
조금 전에 밥을 먹었어요.        조금 후에 학교에 갑시다.

지난 금요일에 테츠야 씨는 에리나 씨에게 전화를 했습니다.

"에리나 씨, 내일 시간 있어요? 우리 같이 공원에 가서 저녁을 먹을까요?"

"네, 좋아요."

두 사람은 약속을 했습니다.

그렇지만 토요일에 테츠야 씨는 다시 에리나 씨에게 전화를 했습니다.

테츠야   에리나 씨, 오늘은 못 만나겠어요.

         아버지가 아프셔서 지금 일본에 가야 해요.

에리나   아, 그래요?

테츠야   오늘 정말 미안해요. 에리나 씨, 한국에 돌아와서 저녁을 사 드릴까요?

에리나   네, 좋아요.

테츠야   뭘 먹을까요?

에리나   일본 라면을 먹읍시다.

테츠야   네, 그러지요.

에리나   테츠야 씨, 언제 한국에 돌아와요?

테츠야   다음 토요일에 돌아올 거예요. 우리 일요일에 만날까요?

에리나   네, 좋아요. 일요일에 만납시다.

**1** 금요일에 테츠야 씨는 에리나 씨에게 왜 전화했어요?

_____.

**2** 테츠야 씨는 왜 일본에 가야 해요?

_____.

**3** 맞으면 O, 틀리면 X 하세요.

① 테츠야 씨와 에리나 씨는 지난 토요일에 만나려고 했어요.   (     )

② 테츠야 씨는 다음 일요일에 한국에 와요.                    (     )

③ 테츠야 씨는 일본 라면을 먹고 싶어요.                      (     )

④ _____ 에 알맞은 말을 쓰십시오.

테츠야 씨는 아버지가 _____ 아/어서 일본에 가야 합니다.

그래서 오늘 에리나 씨를 _____ 만납니다.

한국에 와서 에리나 씨에게 _____ 을/를 사 줄 겁니다.

다음 토요일에 _____ 에 돌아와서 _____ 에

에리나 씨를 만날 겁니다.

---

🎧 **Track46** | **듣고 말하기** | 듣고 답하세요.

① 왕홍 씨는 왜 다니엘 씨와 쇼핑해요?
① 한국 노래를 좋아해서
② 동생 선물을 사야 해서
③ 다니엘 씨가 중국으로 여행을 가서
④ 동생이 한국에 와서

새 단어

화장품

② 왕홍 씨는 언제 고향에 돌아가요?

_____ .

③ 왕홍 씨는 동생에게 무엇을 사 주려고 해요?
① 바지                          ② 치마
③ 화장품                        ④ 한국 노래 CD

# 제24과 게임을 하는데 친구들과 함께 오세요

**Track47**

아래 그림을 보고 이야기합시다.

| | |
|---|---|
| 선생님 | 여러분, 우리 내일 게임을 하는데 친구들과 함께 오세요. |
| 학 생 | 무슨 게임요? |
| 선생님 | 한국 전통놀이인데, 아주 재미있을 거예요. |
| 학 생 | 그럼 내일 몇 시에 시작해요? |
| 선생님 | 10시에 시작해서 1시에 끝날 거예요. 게임을 하면서 떡과 음료수를 먹을 거예요. |
| 학 생 | 네, 알겠습니다. |
| 선생님 | 내일 만납시다. |

**새 단어**

| | |
|---|---|
| 떡 | 용산 |
| 옛날 | 노래방 |
| 노트북 | 전통놀이 |
| 얼굴 | 데이트하다 |

**본문을 읽고 대답해 보세요**

1. 내일 학교에서 무엇을 해요?
2. 학교에 몇 시까지 와야 해요?
3. 게임을 하면서 무엇을 먹을 거예요?

# 길이 복잡한데 지하철을 탈까요?

길이 복잡한데 지하철을 탈까요?

A-(으)ㄴ데 / V-는데 / N인데 〈1〉

날씨가 추운데 집에 갈까요?
이 음식이 매운데 물을 드세요.
비가 오는데 집에서 쉽시다.
우리 반 친구인데 같이 식당에 갈까요?

| A-(으)ㄴ데 | | V-는데 | | N인데 | |
|---|---|---|---|---|---|
| 예쁘다 → [ | ] | 가다 → [ | ] | 서울 → [ | ] |
| 덥다 → [ | ] | 먹다 → [ | ] | 왕홍 씨 → [ | ] |
| *재미있다 → [ | ] | 만들다 → [ | ] | 학교 → [ | ] |

┃보기┃

날씨가 좋다 / 데이트하다  →  날씨가 좋은데 같이 데이트할까요?

① 배가 고프다 / 식당에 가다  →  _____ .

② 가방이 예쁘다 / 사다  →  _____ .

③ 저녁에 운동하다 / 내일 만나다  →  _____ .

④ 학교에 가다 / 같이 가다  →  _____ .

[보기]와 같이 대답하세요.

**│보기│**

날씨가 더운데 아이스크림을 먹을까요?

❶

_____

❷

_____

❸

_____

❹

_____

사과는 맛있는데 바나나는 맛없어요.

A-(으)ㄴ데 / V-는데 / N인데 〈2〉

불고기는 좋아하는데 비빔밥은 싫어해요.
미국은 추운데 태국은 따뜻해요.
농구는 잘하는데 축구는 잘 못해요.
주말에는 복잡한데 평일에는 복잡하지 않아요.

## 연습합시다 2-1

[보기]와 같이 대답하세요.

**보기**

커피는 좋아하다 / 녹차는 싫어하다 → 커피는 좋아하는데 녹차는 싫어해요.

1. 한국어는 재미있다 / 어렵다

   → ______________________

2. 그 구두를 사고 싶다 / 비싸다

   → ______________________

3. 한국 음식은 잘 만들다 / 일본 음식을 잘 못 만들다

   → ______________________

4. 식당은 가깝다 / 도서관은 멀다

   → ______________________

**보기**

피곤한데 일을 해야 해요.

①

_____

②

_____

③

_____

④

_____

참 재미있어요.

숙제를 하는데

숙제가 많아요.

친구가 왔어요.

A-(으)ㄴ데 / V-는데 / N인데 〈3〉

영화를 보는데 참 재미있어요.
운동을 하는데 날씨가 좋아요.
삼겹살을 먹는데 아주 맛있어요.
이것은 제 노트북인데 어제 용산에서 샀어요.

| 보기 |

요즘 한국어를 배우다 / 재미있다  →  요즘 한국어를 배우는데 재미있어요.

① 김 선생님을 만나고 싶다 / 사무실에 안 계시다

→ _____

② 밤에 혼자 집에 가다 / 무섭다

→ _____

③ 내 동생은 남자 친구가 있다 / 프랑스 사람이다

→ _____

④ 저분은 우리 어머니이다 / 회사에 다니다

→ _____

**보기**

여행을 가다

친구와 같이 가다

여행을 가는데 친구와 같이 가요.

날씨가 참 좋다

여행을 가는데 날씨가 참 좋아요.

**①**

마트에 가다

버스를 타다

_____ 버스를 타고 갈 거예요.

비가 오다

_____ 비가 와요.

**②**

내 동생

초등학교에 다니다

_____.

얼굴이 예쁘다

_____.

**③**

식당에서 밥을 먹다

                                          .

                                          .

**④**

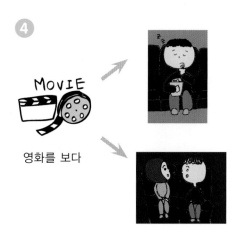

영화를 보다

                                          .

                                          .

**292** ┃ 참 한국어 1

A/V-았/었는데    N-이었/였는데

작년 겨울은 날씨가 추웠는데 올해 겨울은 춥지 않아요.
어제 CD를 샀는데 같이 들을까요?
어제는 크리스마스였는데 눈이 왔어요.
주말에 친구를 만났는데 같이 노래방에 갔어요.
옛날에 할머니와 할아버지가 살았는데…….

## 연습합시다 4-1    [보기]와 같이 대답하세요.

| 보기 |    어제 비가 오다 / 오늘은 안 오다  →  어제는 비가 왔는데 오늘은 안 와요.

1 어제는 피곤하다 / 오늘은 피곤하지 않다

→ _____ 오늘은 피곤하지 않아요.

2 어제 옷을 사다 / 비싸다

→ _____ .

3 지난주에 제주도에 가다 / 재미있다

→ _____ .

4 작년에 태권도를 배우다 / 잘 못하다

→ _____ .

5 어제 시험을 보다 / 오늘은 쉬다

→ _____ .

║보기║

어제 쇼핑을 했는데 오늘도 쇼핑을 하고 싶어요.

❶

_____ 시험을 잘 못 봤어요.

❷

한국

일본

_____ .

❸

_____ .

**④**

작년            올해

_____ .

**⑤**

_____ .

**⑥**

지난달        이번 달
1,000원       2,000원

_____ .

N요

무엇을 마시겠어요?

→ 커피요.

백화점에서 무엇을 살 거예요?

→ 가방요.

이게 뭐예요?

→ 책요.

---

N에 시작하다[끝나다]

9시에 시작해요.

아르바이트가 11시에 끝납니다.

N에 시작해서 N에 끝나다

한국어 공부는 9시에 시작해서 1시에 끝나요.

영화는 2시에 시작해서 3시 반에 끝납니다.

N을/를 시작하다

파티를 시작합시다.

수업을 시작하겠어요.

언제 공부를 시작할까요?

다음을 읽고 'A-(으)ㄴ데/V-는데'를 사용하여 문장을 만드세요.

저는 주말에 친구와 함께 인사동에 갔습니다.

① 지하철을 타고 갔습니다. 사람들이 많아서 아주 복잡했습니다.

② 12시쯤에 인사동에 도착했습니다. 거기에도 사람들이 아주 많았습니다. 외국 사람들이 많았습니다.

③ "벤자민 씨! 한국 전통 옷과 가방이 많이 있어요. 구경합시다."

④ "네, 물건들이 아주 예뻐요. 좀 비싸요."

⑤ "맞아요. 이 옷이 사고 싶어요. 하지만 살 수 없어요."

우리는 구경을 하고 한국 식당에 갔습니다.

⑥ "아주머니! 우리는 외국인이에요. 한국 음식을 잘 몰라요. 무엇이 맛있어요?"

⑦ "불고기가 맛있어요. 한번 드셔 보세요."

"네, 그러면 불고기 2인분 주세요."

우리는 점심을 먹고 차를 마셨습니다.

차를 마시고 버스를 타고 집으로 돌아왔습니다.

⑧ 인사동 구경을 해서 재미있었습니다. 조금 피곤했습니다.

**새 단어**

외국인

① 지하철을 타고 갔는데 사람들이 많아서 아주 복잡했습니다.

②

③

④

⑤

⑥

⑦

⑧

① 에리나 씨는 이제 무엇을 했어요?

_____ .

새 단어

유학생

② 맞는 것을 고르세요.

① 그 남자는 키가 작습니다.

② 그 남자는 일본 남자입니다.

③ 그 남자는 한국말을 잘 못 합니다.

④ 그 남자는 유학생인데 한국어를 공부합니다.

③ 알맞은 단어를 쓰세요.

에리나 씨와 그 남자는 저녁을 먹고 _____ 에 갔습니다.

거기에서 _____ 을/를 마시면서

_____ 을/를 했습니다.

에리나 씨는 그 남자를 다시 _____ 고 싶습니다.

# 경주에 도착하면 첨성대에 갑시다!

아래 그림을 보고 이야기합시다.

**새 단어**

경주      찻값
씻다      지우다
첨성대     청소하다
경복궁

**본문을 읽고 대답해 보세요**

1. 그들은 어디에 가려고
   해요?
2. 누가 늦었어요?
3. 왜 늦었어요?
4. 왕홍 씨는 왜 밥을
   사려고 해요?

| | |
|---|---|
| 다니엘 | 에리나 씨, 왕홍 씨는 안 왔어요? |
| 에리나 | 네, 아직 안 왔어요. 10분 후에 도착할 거예요. |
| 다니엘 | 그러면 조금 더 기다립시다. |
| 에리나 | 다니엘 씨는 경주에 도착하면 뭘 하고 싶어요? |
| 다니엘 | 저는 첨성대에 가고 싶어요. |
| 에리나 | 그래요, 우리 경주에 도착하면 첨성대에 갑시다. |

| | |
|---|---|
| 왕 홍 | 미안해요. 길이 복잡해서 늦었어요. |
| 에리나 | 왕홍 씨가 늦었으니까 밥을 사세요. |
| 왕 홍 | 네, 제가 밥을 살게요. |

안 A/V

가  날씨가 안 추워요?
나  네, 안 추워요.

가  불고기를 안 먹어요?
나  아뇨, 먹어요.

가  한국어가 안 어려워요?
나  네, 안 어려워요.

가  영화를 안 좋아해요?
나  아뇨, 좋아해요.

① 가 숙제를 안 했어요?

　나 네, _____.

② 가 오늘 안 바빠요?

　나 아뇨, _____.

③ 가 학교에 안 갔어요?

　나 네, _____.

④ 가 친구와 같이 영화를 안 봐요?

　나 아뇨, _____.

⑤ 가 비빔밥을 안 먹었어요?

　나 네, _____.

# 날씨가 좋으면 산에 갈 거예요

날씨가 좋아요 + 산에 갈 거예요
→ 날씨가 좋으면 산에 갈 거예요.

날씨가 나빠요 + 집에서 쉴 거예요
→ 날씨가 나쁘면 집에서 쉴 거예요.

A/V-(으)면

집에 가면 숙제를 해요.
한국에 도착하면 부모님께 전화해야 해요.
날씨가 추우면 옷을 많이 입으세요.
밥을 안 먹으면 배가 고플 거예요.

| 보기 |

고향에 가다/친구를 만나다 ➡ 고향에 가면 친구를 만날 거예요.

① 시간이 있다/제주도에 가다 ➡ _____ .

② 친구를 만나다/영화를 보다 ➡ _____ .

③ 한국에 가다/경복궁에 가 보다 ➡ _____ .

④ 숙제가 어렵다/선생님께 질문하다 ➡ _____ .


문장을 만드세요.

① 돈이 많으면 _____ .

② 날씨가 나쁘면 _____ .

③ 비가 오면 _____ .

④ 고향 친구들이 한국에 오면 _____ .

⑤ 친구가 보고 싶으면 _____ .

# 제가 칠판을 지울게요

누가 칠판을 지울 거예요?

→ 제가 칠판을 지울게요.

V-(으)ㄹ게요

제가 찻값을 낼게요.
우리가 음식을 만들게요.
제가 책을 읽어 줄게요.
제가 도와줄게요.

**①** 가 배가 고픈데 지금 돈이 없어요.

나 그래요? _____ .


**②** 가 5시에 우리 집에 오세요.

나 네, _____ .


**③** 가 숙제가 너무 어려워요.

나 그럼, _____ .


**④** 가 고향 음식을 먹고 싶어요.

나 _____ .


**⑤** 가 저 좀 도와주세요.

나 네, _____ .

[보기]와 같이 'V-(으)ㄹ게요. V-(으)ㄹ 거예요' 를 사용하여 문장을 만드세요.

| 보기 |

**가** 누가 칠판을 지울 거예요?
**나** (저) 제가 지울게요.

① **가** 누가 청소할 거예요?
　 **나** (제인 씨) _____ .

② **가** 누가 음식을 만들 거예요?
　 **나** (벤자민 씨) _____ .

③ **가** 누가 영화표를 살 거예요?
　 **나** (저) _____ .

④ **가** 누가 선생님께 전화할 거예요?
　 **나** (나) _____ .

⑤ **가** 누가 집에 있을 거예요?
　 **나** (동생) _____ .

더 V

한 사람이 더 올 거예요.
물 한 잔 더 주세요.
밥을 더 먹고 싶어요.

내가[제가]

누가 밥을 살 거예요?
→ 제가 살게요.

제가 불고기를 만들면 많이 드세요.
제가 그 일을 했어요.

다음을 읽고 질문에 답하세요.

| | |
|---|---|
| 선생님 | 여보세요. |
| 흐 엉 | 여보세요. 선생님, 저 흐엉이에요. |
| 선생님 | 흐엉 씨! |
| 흐 엉 | 선생님, 잘 지내셨어요? |
| 선생님 | 네, 잘 지냈어요. 흐엉 씨는요? |
| 흐 엉 | 친구들과 같이 경주에 여행을 왔어요.<br>선생님이 보고 싶어서 전화했어요. |
| 선생님 | 지금 경주예요? 경주는 어때요? |
| 흐 엉 | 아주 좋아요. 단풍이 많아서 아름다워요.<br>시간이 있으면 선생님과 같이 경주를 구경하고 싶어요. |
| 선생님 | 좋아요. 시간이 있으면 같이 갑시다. |
| 흐 엉 | 제가 경주에서 선물을 샀어요. 서울에 가면 드릴게요. |
| 선생님 | 아, 고마워요. 흐엉 씨. |

**새 단어**

단풍

❶ 누가 누구에게 전화를 했어요?

_____

❷ 흐엉 씨는 지금 어디에 있어요?

_____

❸ 지금 한국의 계절은 뭐예요?

_____

❹ 윗글을 읽고 빈칸에 알맞은 말을 쓰세요.

흐엉 씨는 친구들과 같이 _____ 로 여행을 갔어요.

요즘 경주는 단풍이 많아서 경치가 아주 _____ .

다음에 _____ 와/과 같이 또 경주에 가고 싶어요.

① 에리나 씨와 다니엘 씨는 어디에 가요?

_____   _____

② 거기에 무엇을 타고 가요?

_____

③ 거기에서 무엇을 할 거예요?

_____

④ 듣고 쓰세요.

다니엘과 에리나는 _____ 에 가려고 해요.

거기의 경치가 _____ 아/어서 사진이 예쁠 거예요.

다니엘 씨는 에리나 씨의 _____ 을/를 많이 찍어 주려고 해요.

다니엘 씨는 사진을 _____ 지만 사진을 좋아해요.

# 제26과 정말 아름답군요!

Track51

아래 그림을 보고 이야기합시다.

### 새 단어

| | |
|---|---|
| 강 | 숲 |
| 춤 | 곳 |
| 커플 | 추다 |
| 아이 | 떡국 |
| 제목 | 설날 |
| 설렁탕 | 우체국 |
| 남이섬 | 겨울연가 |
| 다녀오다 | 보여 주다 |

### 본문을 읽고 대답해 보세요

1. 왕홍 씨와 제니 씨는 무엇을 보면서 이야기 하고 있어요?
2. 어디에서 사진을 찍었어요?
3. 남이섬은 무엇이 멋있어요?
4. 남이섬은 왜 유명해요? 어떤 사람들이 많이 와요?
5. 왕홍 씨는 누구와 같이 사진을 찍었어요?

제 니    왕홍 씨, 무엇을 보고 있어요?

왕 홍    지난 방학에 남이섬에 다녀왔는데, 그 사진을 보고 있어요.

제 니    저도 보여 주세요. 와! 정말 아름답군요!

왕 홍    네, 강과 숲이 아주 멋있었어요.

　　　　남이섬은 한국 드라마 "겨울연가"를 만들어서 유명해요.

　　　　그 드라마를 좋아하는 사람들이 많이 구경을 해요.

제 니    아, 그렇군요. 그런데 이 사람이 왕홍 씨 여자 친구지요?

왕 홍    네, 제 여자 친구예요.

제 니    정말 아름다운 커플이군요.

# 참 멋있군요!

다니엘 씨가 참 멋있군요!

다니엘 씨가 춤을 잘 추는군요!

A-군요! / V-는군요! / N(이)군요!

눈이 정말 예쁘군요!
주말에는 사람들이 많군요!
아이가 김치를 잘 먹는군요!
한국 사람들은 음악을 참 좋아하는군요!
저기가 지하철역이군요!

[보기]와 같이 대답하세요.

**┃보기┃**

날씨가 좋다 ➡ 날씨가 좋군요!

승기 씨는 키가 크다 ➡ 승기 씨는 키가 크군요!

오늘은 토요일이다 ➡ _____ .

시간이 빠르다 ➡ _____ .

설렁탕이 맛있다 ➡ _____ .

한국어가 재미있다 ➡ _____ .

⑥ 비가 오다 → _____ .

⑦ 김치를 잘 먹다 → _____ .

⑧ 혼자 살다 → _____ .

⑨ 사람들이 많이 걷다 → _____ .

## 문법02 제가 좋아하는 음식은 비빔밥이에요

제가 좋아해요.

비빔밥이에요.

⇒ 제가 좋아하는 음식은 비빔밥이에요.

| 동사 + 명사 (현재) | | V-는 N |
|---|---|---|
| 지금 먹어요 | 음식 | _____ 이 뭐예요? |
| 9시에 출발해요 | 비행기 | _____ 를 타야 해요. |
| 우리 형이 다녀요 | 학교 | _____ 는 한국대학교입니다. |

| 동사 + 명사 (미래) | | V-(으)ㄹ N |
|---|---|---|
| 내일 만날 거예요 | 친구 | _____ 가 누구예요? |
| 다음 주에 볼 거예요 | 시험 | _____ 은 아주 어려워요. |
| 여기는 제가 살 거예요 | 집 | _____ 이에요. |

| 형용사 + 명사 | | A-(으)ㄴ N |
|---|---|---|
| 오늘은 아주 추워요 | 날씨 | _____ 예요. |
| 머리가 아파요 | 사람 | _____ 은 집에서 쉬세요. |
| 아주 맛있어요 | 음식 | _____ 이 먹고 싶어요. |

| 보기 |

한국어학당에 가요 / 버스는 752번이에요.

→ 한국어학당에 가는 버스는 752번이에요.

① 지금 마셔요 / 주스가 뭐예요?

→ 지금 _____ 이/가 뭐예요?

② 요즘 배워요 / 운동이 태권도예요.

→ 요즘 _____ 이/가 태권도예요.

③ 내일 만들 거예요 / 음식은 불고기입니다.

→ 내일 _____ 은/는 불고기입니다.

④ 다음 주에 만날 거예요 / 친구 이름이 마이클이에요.

→ 다음 주에 _____ 이/가 마이클이에요.

⑤ 친절해요 / 사람이 좋아요.

→ 저는 _____ 이/가 좋아요.

⑥ 재미있어요 / 한국 영화를 볼까요?

→ _____ 을/를 볼까요?

① **가** 어떤 사람이 좋아요?

　　**나** _____ .


② **가** 어떤 영화를 좋아해요?

　　**나** _____ .


③ **가** 어떤 일을 하고 싶어요?

　　**나** _____ .


④ **가** 어떤 곳으로 여행 가고 싶어요?

　　**나** _____ .

가 날씨가 참 좋지요?

나 네, 참 좋아요.

A/V-지요?, A/V-았/었지요?, N(이)지요?

한국 사람들은 설날에 떡국을 먹지요?

오늘도 9시에 수업을 시작했지요?

주말에는 길이 복잡하지요?

요즘 감기가 유행이지요?

**얼마[무엇/어디/누구/언제/몇 N](이)지요?**

모두 얼마지요?

저 배우 이름이 무엇이지요?

여기가 어디지요?

김 선생님이 누구시지요?

시험이 언제지요?

오늘이 몇 월 며칠이지요?

[보기]와 같이 질문에 답하세요.

**보기**

가 한국어가 재미있지요?
나 네, 재미있어요.

① 가 학생들이 모두 교실에 _____ ?

나 네, 수업을 시작해서 교실에 있어요.

② 가 어제 날씨가 _____ ?

나 네, 그래서 감기에 걸렸어요.

③ 가 숙제 다 _____ ?

나 죄송합니다, 선생님. 내일까지 하겠습니다.

④ 가 저기가 우체국 _____ ?

나 네, 맞아요.

**⑤**

**가** 이 노래 제목이 _____ ?

**나** "사랑해"예요.

**⑥**

**가** 커피 두 잔에 _____ ?

**나** 모두 5천 원입니다.

**⑦**

**가** 오늘 학교에 _____ ?

**나** 네, 9시까지 가야 해요.

**⑧**

**가** 중간 시험이 _____ ?

**나** 다음 주 목요일이에요.

어떤 N

어떤 영화가 재미있어요?
어떤 선물을 받고 싶어요?
어떤 음식을 좋아해요?

N에게 N을/를 보여 주다[보여 드리다]

저에게 사진을 보여 주세요.
선생님께 숙제를 보여 드리세요.
학생들에게 영화를 보여 주었어요.

| 에리나 | 밖에 눈이 오는군요! |
|---|---|
| 벤자민 | 그렇군요. 에리나 씨, 눈 오는 날씨를 좋아하세요? |
| 에리나 | 네, 저는 겨울이 좋아요. |
| | 따뜻한 집에서 차를 마시면서 창밖을 보면 기분이 좋아요. |
| | 벤자민 씨는요? |
| 벤자민 | 저는 겨울도 좋지만, 바다에서 수영할 수 있는 여름이 좋아요. |
| 에리나 | 아! 다음 주가 크리스마스군요! |
| | 벤자민 씨, 크리스마스에 약속 있어요? |
| 벤자민 | 아니요, 아직 없어요. |
| 에리나 | 그럼, 우리 반 친구들과 같이 크리스마스 파티를 할까요? |
| 벤자민 | 아주 좋은 생각이에요. 파티 전에 선물도 준비합시다! |
| 에리나 | 그럼 저는 카드를 만들게요. |

**새 단어**

창밖
기분
약속

❶ 에리나 씨는 왜 겨울을 좋아합니까?

_____

❷ 벤자민 씨가 여름을 좋아하는 이유는 무엇입니까?

_____

❸ 크리스마스 파티 전에 벤자민 씨와 에리나 씨는 무엇을 준비할 거예요?

_____

❹ 여러분 나라에서는 크리스마스에 무엇을 합니까?
친구들에게 소개해 보세요.

① 이 사람은 지금 무엇을 탔습니까?

① 택시　　　② 버스　　　③ 비행기

새 단어

출근
요금
현금
손님

② 왜 길이 복잡할까요?

① 손님이 늦었으니까

② 출근 시간이니까

③ 광화문까지 가니까

③ 이 사람은 어떻게 요금을 냈습니까?

① 현금 – 잔돈이 없어서

② 카드 – 요금이 7,500원이니까

③ 카드 – 현금이 없어서

# 한국 전통 음악을 배우러 왔어요

Track53

아래 그림을 보고 이야기합시다.

**새 단어**

다른          학비
야구          오르다
아파트        빠르다
빌리다        생각하다

**본문을 읽고 대답해 보세요**

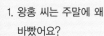

1. 왕홍 씨는 주말에 왜
   바빴어요?
2. 왕홍 씨의 동생은 왜
   한국에 왔어요?
3. 왕홍 씨는 왜 다른 집을
   찾고 있어요?
4. 왕홍 씨는 어디에서
   살려고 해요?
   그 이유는 무엇입니까?

지 훈    주말 잘 지냈어요?

왕 홍    고향에서 동생이 와서 조금 바빴어요.

지 훈    동생은 왜 한국에 왔어요?

왕 홍    한국 전통 음악을 배우러 왔어요.

지 훈    아, 그렇군요.

왕 홍    그래서 동생과 함께 살 집을 찾아야 해요.

         아파트보다 기숙사가 싸서 기숙사를

         알아보려고 해요.

지 훈    요즘 서울의 집값이 많이 올랐어요.

         어려운 일이 있으면 내가 도와줄게요.

왕 홍    고마워요, 지훈 씨.

# 서울은 집값이 많이 올랐어요

---

**'르' 불규칙**

커피 값이 많이 올라서 비싸요.
내일부터 버스 요금이 오를 거예요.
주말에는 지하철이 빠르니까 지하철을 탑시다.

| 기본형 | -아/어요 | -았/었어요 | -(으)면 | -(으)ㄹ거예요 | -지만 |
|---|---|---|---|---|---|
| 오르다 | | | | | |
| 빠르다 | | | | | |

**연습합시다 1** [보기]를 보고 단어를 찾아 알맞게 고치세요.

**▎보기▎**

오르다     빠르다

① 버스 요금이 ＿＿＿＿＿＿＿＿ 아/어서 1100원이에요.

② 비행기가 ＿＿＿＿＿＿＿ 지만 비싸서 기차를 타고 갈 거예요.

③ 제주도에 가고 싶은데 무엇을 타고 가면 ＿＿＿＿＿＿＿ 아/어요?

④ 학비가 많이 ＿＿＿＿＿＿ 았/었어요. 그래서 아르바이트를 해야 해요.

## 문법02 친구를 만나러 명동에 가요

왜 명동에 가요?

친구를 만나러 명동에 가요.

V-(으)러 가다/오다/다니다

책을 읽으러 도서관에 가요.
구두를 사러 백화점에 갈 거예요.
돈을 바꾸러 왔습니다.
배가 고픈데 밥을 먹으러 갈까요?

---

**연습합시다 2-1**    [보기]를 보고 단어를 찾아 알맞게 고치세요.

**┃보기┃**

시내를 구경하다 / 명동에 가다 → 시내를 구경하러 명동에 가요.

① 비행기 표를 예약하다 / 여행사에 가다 → _____.

② 태권도를 배우다 / 같이 가다 → _____.

③ 불고기를 만들다 / 빨리 집에 가다 → _____.

④ 수영을 하다 / 매일 수영장에 다니다 → _____.

┃보기┃

가 어디에 갈까요?

나 커피를 마시러 갑시다.

①

가 어디에 가요?

나 _____ .

②

가 여기에 왜 왔어요?

나 _____ .

③

가 화요일에 무엇을 해요?

나 _____ .

④

가 저녁에 공원에 왜 가세요?

나 _____ .

⑤

가 왜 도서관에 가요?

나 _____ .

# 제가 동생보다 키가 커요

제가 동생보다 키가 커요.

N보다 (더) A/V

오늘이 어제보다 더 추워요.
백화점보다 동대문 시장이 쌉니다.
주말에는 택시보다 지하철이 빨라요.
저는 일본어를 영어보다 더 잘해요.

| 보기 |

여름이 겨울보다 좋습니다.

**1**

_____.

**2**

_____.

**3**

_____.

**4**

_____.

**5**

_____.

**보기**

**가** 무엇이 더 맛있어요? (사과, 귤)
**나** 사과가 귤보다 더 맛있어요.

① **가** 어느 나라가 더 커요? (한국, 중국)

　**나** _____ .

② **가** 어디가 더 복잡해요? (명동, 동대문)

　**나** _____ .

③ **가** 무엇이 더 좋아요? (커피, 차)

　**나** _____ .

④ **가** 언제가 더 바빠요? (월요일, 토요일)

　**나** _____ .

⑤ **가** 누가 더 노래를 잘해요? (저, 친구)

　**나** _____ .

개구리 한 마리가 살고 있었어요. 그 개구리는 사진을 찍으면 입이
너무 커서 사진이 예쁘지 않아요. 그래서 기분이 나빴어요.
그래서 옆집에 살고 있는 오리 아주머니에게 말했어요.

개구리    오리 씨, 저는 입이 너무 커서 사진을 찍고 싶지 않아요.
          좋은 방법이 없을까요?

오 리    개구리 씨는 사진을 찍을 때 뭐라고 말하세요?

개구리    "김치~~"요.

오 리    그럼 "포도~"라고 해 보세요! 그러면 입이 작아요!

개구리    아! 정말 감사합니다.

다음 날 개구리는 친구들과 등산을 가서 또 사진을 찍었어요.
그런데 오리 아주머니가 해 주신 이야기를 잊어버렸어요.

개구리    사과? 수박? 딸기? 아~~~~~~~~
          과일 이름이었는데……
          아! 맞다! 그거였어! 그리고 말했어요.

개구리    _____ !!!!

**새 단어**

옆집
개구리
마지막
잊어버리다

**❶** 개구리는 왜 사진을 찍고 싶지 않았어요?

_____

**❷** 오리 아주머니가 가르쳐 주신 말은 무엇입니까?

_____

**❸** 마지막에 개구리가 말한 과일 이름은 무엇일까요? 생각해 보세요.
그 이유는 무엇입니까? 개구리의 사진은 어떻게 되었어요?

_____

**1** 들은 내용과 같은 것은 무엇입니까?

① 벤자민 씨는 1단계를 다시 공부해야 해요.

② 벤자민 씨는 프랑스에서 한국어를 가르치고 있어요.

③ 2단계 수업은 1단계보다 더 어려울 거예요.

④ 벤자민 씨는 한국어 공부가 재미없어서 태권도를 배우고 있어요.

새 단어

**2** 벤자민 씨는 프랑스로 돌아가서 한국어를 가르치고 싶어서
무엇을 하고 있습니까?

단어
되다

① _____

② _____

**3** 여러분은 한국어 공부가 끝나면 무엇을 하고 싶어요?
친구들에게 이야기해 보세요.

# 1과 | 이것이 무엇입니까?
## What's this?

### 새단어

| | |
|---|---|
| 이것 this | 그것 it |
| 저것 that | 무엇 what |
| 책 book | 연필 pencil |
| 가방 bag | 사과 apple |
| 안경 glasses | 책상 desk |
| 칠판 blackboard | 신문 newspaper |
| 컵 cup | 모자 hat |
| 우산 an umbrella | 빵 bread |
| 주스 juice | 구두 shoes |
| (벽)시계 clock | 커피 coffee |
| 창문 window | 달력 calendar |
| 라디오 radio | 휴대 전화 mobile phone |
| 컴퓨터 computer | |

### [1과 본문]

다니엘 이것이 무엇입니까?
에리나 책입니다.
다니엘 저것이 무엇입니까?
에리나 연필입니다.
다니엘 그것이 가방입니까?
에리나 네, 가방입니다.

Daniel What's this?
Erina A book.
Daniel What's that?
Erina A pencil.
Daniel Is it a bag?
Erina Yes, it's a bag.

# 2과 | 만나서 반갑습니다
## It's nice to meet you

### 새단어

| | |
|---|---|
| 저(나) I | 밥 rice |
| 물 water | 이름 name |
| 한국 Korea | 김밥 Gimbap |
| 직업 job | 나라 country |
| 학생 student | 남자 man |
| 여자 woman | 선생님 teacher |
| 중국 사람 Chinese (person) | 공부하다 study |
| 자기소개 self-introduction | |

### [2과 본문]

지 훈 안녕하세요? 제 이름은 김지훈입니다.
묘 묘 안녕하세요? 저는 묘묘입니다.
만나서 반갑습니다.
지훈 씨, 한국 사람입니까?
지 훈 네, 저는 한국 사람입니다.
묘 묘 저는 중국 사람입니다.
저는 한국어를 공부합니다.

Jihun Hello? My name is Kim Jihun.
Myomyo Hi, I am Myomyo.
It's nice to meet you, Jihun.
Are you Korean?
Jihun Yes, I'm Korean.
Myomyo I'm Chinese. I'm studying Korean.

# 3과 왕홍 씨는 학교에 갑니까?
Is Wanghong going to school?

새단어

| | |
|---|---|
| 학교 school | 어디 where |
| 명동 Myeong-dong | 우유 milk |
| 신촌 Sinchon | 친구 friend |
| 교실 class room | 집 house |
| 백화점 department store | 도서관 library |
| 쇼핑(하다) go shopping | 바나나 banana |

## [3과 본문]

| | |
|---|---|
| 에리나 | 안녕하세요? 왕홍 씨, 학교에 갑니까? |
| 왕 홍 | 아니요, 학교에 가지 않습니다. 도서관에 갑니다. 에리나 씨는 어디에 갑니까? |
| 에리나 | 저는 명동에 갑니다. 쇼핑을 합니다. |
| 왕 홍 | 지훈 씨도 명동에 갑니까? |
| 에리나 | 아니요, 지훈 씨는 명동에 안 갑니다. 신촌에 갑니다. |

| | |
|---|---|
| Erina | Hi, Wanghong. Are you going to school? |
| Wanghong | No, I'm not going to school. I'm going to library. Where are you going, Erina? |
| Erina | I'm going to Myeong-dong shopping. |
| Wanghong | Is Jihun going to Myeong-dong too? |
| Erina | No, Jihun is not going to Myeong-dong. He is going to Sinchon. |

### 듣고 말하기 새 단어

**노래하다** to sing **수영하다** to swim

# 4과 여기가 어디입니까?
Where is this place?

새단어

| | |
|---|---|
| 여기 here | 버스 bus |
| 거기 there | 저기 there |
| 과일 fruit | 영화 movie |
| 중학교 middle school | 서점 bookstore |
| 숙제(하다) homework(do homework) | 고등학교 high school |
| 한국어학당 Korean language school | |

## [4과 본문]

| | |
|---|---|
| 서 윤 | 여기가 어디입니까? |
| 벤자민 | 한국어학당입니다. |
| 서 윤 | 한국어학당에서 무엇을 합니까? |
| 벤자민 | 한국어를 배웁니다. 서윤 씨는 무엇을 합니까? |
| 서 윤 | 저는 중학교에서 영어를 가르칩니다. |

| | |
|---|---|
| Seoyoon | Where is this place? |
| Benjamin | This place is Korean Language School. |
| Seoyoon | What are you doing at Korean Language School? |
| Benjamin | I'm studying Korean. What do you do Seoyoon? |
| Seoyoon | I'm teaching English at a middle school. |

### 읽고 말하기 새 단어 ┃ 듣고 말하기 새 단어

| | |
|---|---|
| **대학생** a college student | **비행기** plane |
| **수영장** swimming pool | **공항** airport |
| **대학교** university | |

# 5과 | 무엇을 하십니까?
## What are you doing?

### 새단어

| | | |
|---|---|---|
| 월 month | 일 day | 주말 weekend |
| 공원 park | 방학 vacation | 고향 hometown |
| 언제 when | 요일 weekday | 평일 workday |
| 어제 yesterday | 오늘 today | 내일 tomorrow |
| 모레 the day after tomorrow | | |
| 그저께 the day before yesterday | | |
| 이번 주 this week | 다음 주 next week | 생일 birthday |
| 월 Monday | 화 Tuesday | 수 Wednesday |
| 목 Thursday | 금 Friday | 토 Saturday |
| 일 Sunday | | |

### [5과 본문]

제 니   저는 주말에 극장에 갑니다.
　　　왕홍 씨는 무엇을 하십니까?
왕 홍   저는 공원에 갑니다.
제 니   공원에서 무엇을 하십니까?
왕 홍   운동을 합니다.
　　　제니 씨는 방학에 무엇을 하십니까?
제 니   고향에 갑니다.
왕 홍   방학이 몇 월 며칠입니까?
제 니   10월 19일입니다.

| | |
|---|---|
| Jenny | I'm going to the theater this weekend. Wanghong, what are you doing on this weekend? |
| Wanghong | I'm going to the park. |
| Jenny | What are you going to do in the park? |
| Wanghong | I'm going to do exercise. Jenny, what are you doing on your vacation? |
| Jenny | I'm going to my home town. |
| Wanghong | What's the date and month of your school vacation? |
| Jenny | It's on Oct. 19th. |

### 듣고 말하기 새 단어
회사 company

# 6과 | 오늘은 날씨가 좋습니다
## The weather is fine today

### 새단어

| | |
|---|---|
| 옷 clothes | 날씨 weather |
| 좋다 to be good | 도쿄 Tokyo |
| 런던 London | 파리 Paris |
| 서울 Seoul | 뉴욕 New York |
| 베이징 Beijing | 어떻다 to be how |
| 흐리다 to be cloud | 김치 Kimchi |
| 비가 오다 to rain | |

### [6과 본문]

서 윤   오늘은 날씨가 어떻습니까?
다니엘   날씨가 좋습니다.
서 윤   내일도 날씨가 좋습니까?
다니엘   아니요, 내일은 날씨가 좋지 않습니다.
　　　비가 옵니다.
서 윤   토요일과 일요일에도 비가 옵니까?
다니엘   아니요, 토요일과 일요일에는 비가 오지
　　　않습니다.

| | |
|---|---|
| Seoyoon | What's the weather like today? |
| Daniel | It's a fine weather today. |
| Seoyoon | Will the weather be nice tomorrow? |
| Daniel | No. It won't be good tomorrow. It will rain (tomorrow). |
| Seoyoon | Will it rain on Saturday and Sunday? |
| Daniel | No. It won't rain on Saturday and Sunday. |

### 읽고 말하기 새 단어
귤 orange  아주 very  바다 sea
편지 letter  일기 a diary  소설 novel
겨울 winter  음식 food
한라산 Hallasan(Mt.)  지금 now
아름답다 to be beautiful  돼지고기 pork

# 7과 | 토요일에 무엇을 해요?
## What are you doing on Saturday?

**새단어**

| | |
|---|---|
| **혼자** alone, by oneself | **같이** with |
| **매일** everyday | **숙제** homework |
| **라면** Ramen | **술** liquor |
| **호주** Australia | **포도** grapes |
| **외국** foreign country | **우리** we |
| **앉다** sit | |

### [7과 본문]

**제 니** 다니엘 씨, 지금 어디에 가요?

**다니엘** 제주도에 가요.

**제 니** 제주도에 혼자 가요?

**다니엘** 아니요, 혼자 가지 않아요. 벤자민 씨도 같이 가요.
제니 씨는 토요일에 무엇을 해요?

**제 니** 집에서 친구와 같이 한국어를 공부해요.

**다니엘** 친구도 한국어를 배워요?

**제 니** 네, 제 친구는 베트남 사람이에요.
아주 재미있어요.

**Jenny** Daniel, where are you going now?

**Daniel** I'm going to Jejudo.

**Jenny** Are you Going to Jejudo alone?

**Daniel** No, not alone. I'm going with
Benzamine. Jenny, what are you doing
on Saturday?

**Jenny** I'm going to study Korean with my
friend at home.

**Daniel** Does your friend study Korean?

**Jenny** Yes, my friend is Vietnamese.
(She is) Very funny.

#### 듣고 말하기 새 단어

**음악** music  **전화** telephone  **놀다** to play

# 8과 | 어디에서 오셨어요?
## Where are you from?

**새단어**

| | |
|---|---|
| **방** room | **차** tea |
| **지난** last | **작년** last year |
| **파티** party | **아버지** father |
| **할머니** grandmother | **할아버지** grandfather |
| **운전하다** to drive | **크리스마스** christmas |

### [8과 본문]

**다니엘** 안녕하세요, 승기 씨. 제 친구 벤자민이에요.

**벤자민** 만나서 반갑습니다. 벤자민입니다.

**승 기** 저는 이승기입니다. 반갑습니다.
벤자민 씨는 어디에서 오셨어요?

**벤자민** 프랑스에서 왔어요.

**승 기** 지난 주말에 무엇을 했어요?

**벤자민** 다니엘 씨와 같이 제주도에 갔어요.

**Daniel** Hello, Seunggi, This is my friend,
Benzamine.

**Benzamine** Nice to meet you.
I'm Benzamine.

**Seunggi** I'm Yi Seunggi. Nice to meet you too.
Benzamine, where are you from?

**Benzamine** I'm from France.

**Seunggi** What did you do last week?

**Benzamine** I went to Jejudo with Daniel.

#### 읽고 말하기 새 단어 | 듣고 말하기 새 단어

| | |
|---|---|
| **복잡하다** to be crowded | **가게** a store |
| **조용하다** to be quiet | **역사책** a history book |

# 9과 | 집에 텔레비전이 있어요?
## Is there a television in your home?

새단어

| | |
|---|---|
| **있다** to be, exist | **없다** not to exist |
| **침대** bed | **크다** to be large |
| **사당역** Sadang station | **전화기** a phone |
| **떡볶이** Tteokbokki | |

## [9과 본문]

**선생님**  제니 씨, 집이 어디예요?

**제 니**  사당역 옆에 있어요.

**선생님**  제니 씨 집에 텔레비전이 있어요?

**제 니**  아니요, 없어요. 컴퓨터와 침대가 있어요.

**선생님**  제니 씨 집이 어때요?

**제 니**  아주 크고 조용해요.

**Teacher**  Jenny, where do you live? (Where's your house?)

**Jenny**  Near Sadang subway station.

**Teacher**  Is there a television in your home?

**Jenny**  No, I just have a Computer(PC) and a bed at home.

**Teacher**  How's your home Jenny?

**Jenny**  (It is) Very spacious and quiet.

### 읽고 말하기 새 단어 | 듣고 말하기 새 단어

| | |
|---|---|
| **사당동** Sadangdong | **인터넷** internet |
| **근처** near | **게임** game |
| **가깝다** to be closed | **구름** cloud |
| **깨끗하다** to clean | |

# 10과 | 지금 몇 시예요?
## What time is it now?

새단어

| | |
|---|---|
| **몇** what | **시** hour |
| **분** minute | **쯤** about |
| **시간** time | **낮** day |
| **밤** night | **강아지** a puppy |
| **자동차** a car | **오전** morning(a.m.) |
| **오후** afternoon(p.m.) | **시작하다** to start |
| **아침** morning, breakfast | **점심** lunch |
| **저녁** evening, supper | |

## [10과 본문]

**테츠야**  지훈 씨는 주말에 무엇을 했어요?

**지 훈**  저는 커피숍에서 친구들을 만났어요. 친구들과 커피를 마시고 영화관에 갔어요.

**테츠야**  몇 시에 집에 갔어요?

**지 훈**  일곱 시쯤에 집에 갔어요.

**테츠야**  지훈 씨, 지금 몇 시예요?

**지 훈**  여덟 시 오십 분이에요. 수업이 몇 시에 시작해요?

**테츠야**  아홉 시에 시작해요.

**Tetsuya**  What did you do (last) weekend?

**Jihun**  I met some of my friends at a coffee shop. After having coffee, we went to the theater.

**Tetsuya**  What time did you go home?

**Jihun**  I came back home around seven o'clock.

**Tetsuya**  Jihoon, what time is it now?

**Jihun**  It is eight fifty. What time does the class begin?

**Tetsuya**  It begins at nine.

### 읽고 말하기 새 단어

| | |
|---|---|
| **남대문** Namdaemun | **기숙사** dormitory |
| **구경하다** to see the sights | **일어나다** get up |

# 11과 | 우리 가족은 모두 4명입니다
## There are four members in my family

**새단어**

가족 a family
참 very
동생 younger brother
모두 all
다니다 to go to work
누가 who
이거 this(thing)  그거 that  저거 that(thing)

사진 picture
분 person(honorific)
오빠 a girl's elder brother
주부 a house keeper
일하다 to work
누구 who, whom

## [11과 본문]

민 지  이거는 가족사진이에요.

지 훈  누가 아버지세요?

민 지  이분이 우리 아버지세요. 아버지는 회사에 다니세요.

지 훈  이 사람은 동생이에요?

민 지  아니요. 우리 오빠예요.

지 훈  이분은 누구세요?

민 지  우리 어머니세요.

지 훈  민지 씨의 어머니는 외국 사람이세요?

민 지  네. 우리 어머니는 필리핀 사람이세요.

| | |
|---|---|
| Minji | This is my family picture. |
| Jihun | Who is your father? |
| Minji | This (person) is my father. |
| | My father is an office worker. |
| Jihun | Is this your younger brother? |
| Minji | No, (He is) my elder brother. |
| Jihun | Who is this (person)? |
| Minji | She is my mother. |
| Jihun | Is your mother a foreigner? |
| Minji | Yes. My mother is a Filipino. |

**읽고 말하기 새 단어 | 듣고 말하기 새 단어**

단계 level                      요즘 these days

# 12과 | 여보세요, 거기 한국어학당입니까?
## Hello, Is this Korean Language School?

**새단어**

그렇다 it is so
아프다 to be sick
그러면 and then
다시 again

고프다 to be hungry
그래요 that's right
시험 examination
여보세요 hello

## [12과 본문]

제 니  여보세요. 거기 한국어학당입니까?

직 원  네, 그렇습니다. 누구세요?

제 니  안녕하세요. 저는 1단계 학생 제니입니다.
        김 선생님 계세요?

직 원  아니요, 안 계세요. 지금은 교실에 계세요.

제 니  아, 그러면 제가 내일 전화하겠습니다.

직 원  몇 시에 전화할 거예요?

제 니  5시쯤 전화하겠어요.

직 원  네, 알겠습니다.

| | |
|---|---|
| Jenny | Hello, is this Korean Language School? |
| faculty | Yes. Who's calling? |
| Jenny | How are you? This is Jenny, studying at level one. Is teacher Kim there? (a korean teacher) |
| faculty | No, she is not here. She's in the classroom now. |
| Jenny | Oh, I see. Then I'll call back tomorrow. |
| faculty | What time will you call? |
| Jenny | I'll call at five O'clock. |
| faculty | OK. |

**읽고 말하기 새 단어**

표 ticket  콘서트 concert  광화문역 Gwanghawmun st.

## 본문 및 새 단어 영문 번역

### 13과 | 한국 음식이 맛있지만 매워요
Korean food is delicious but spicy

**새단어**

| | |
|---|---|
| 뭐/뭘 what | 매우 very |
| 참 very | 입다 to wear |
| 냉장고 refrigerator | 외국어 foreign language |
| 뜨겁다 to be hot | 고맙다 to be grateful |
| 즐겁다 to be delightful | 무겁다 to be heavy |
| 시끄럽다 to be noisy | 조금 a little bit |
| 축하하다 to congratulate | 여행 travel |
| 쉬는 시간 break time | 이게 this 그게 it 저게 that |

**읽고 말하기 새 단어 | 듣고 말하기 새 단어**

| | |
|---|---|
| 치마 a skirt | 자주 frequently |
| 값 price | 아주머니 an aunt |
| 신발 shoes | 친절하다 to be kind |
| | 김치찌개 Kimchi soup |

### 14과 | 거스름돈을 받으세요
Here's your change!

**새단어**

| | |
|---|---|
| 층 floor | 만 ten thousand |
| 천 one thousand | 원 won |
| 또 also | 약 about |
| 사전 dictionary | 얼마 how much? |
| 받다 to receive | 지갑 wallet |
| 티셔츠 T-Shirt | 다 all |
| 실례지만 excuse me but | 피곤하다 to be tired |
| 여러 가지 various, variety, all kinds of | |
| 거스름돈 change | 감사하다 to thank |
| 어서 오세요 welcome | |

### [13과 본문]

| | |
|---|---|
| 다니엘 | 그게 뭐예요? |
| 에리나 | 떡볶이예요. |
| 다니엘 | 떡볶이가 어때요? |
| 에리나 | 맛있지만 매워요. |
| | 다니엘 씨는 한국 음식이 어때요? |
| 다니엘 | 아주 맛있어요. |
| 에리나 | 무엇이 맛있어요? |
| 다니엘 | 불고기가 참 맛있어요. |
| 에리나 | 저도 불고기가 좋아요. |
| | 불고기는 맵지 않고 맛있어요. |

| | |
|---|---|
| Daniel | What are those? |
| Erina | (They're) Tteokbokki. |
| Daniel | How does it taste? |
| Erina | It's delicious but spicy. |
| | Daniel, how about Korean food? |
| Daniel | Very delicious. |
| Erina | What is your favorite food? |
| Daniel | I think Bulgogi is very delicious. |
| Erina | I like Bulgogi, too. |
| | It is not spicy but very delicious. |

### [14과 본문]

| | |
|---|---|
| 직 원 | 어서 오세요. |
| 제 니 | 실례지만, 한국어 사전이 어디에 있어요? |
| 직 원 | 2층에 있어요. |
| 제 니 | 영어 사전도 있어요? |
| 직 원 | 네, 여러 가지 사전이 다 있어요. |

| | |
|---|---|
| 제 니 | 모두 얼마예요? |
| 직 원 | 모두 8만 3천 원입니다. |
| 제 니 | 여기 있어요. |
| 직 원 | 9만 원 받았습니다. 거스름돈 받으세요. |
| 제 니 | 감사합니다. |
| 직 원 | 또 오세요. |

| Clerk | Welcome please! |
|---|---|
| Jenny | Excuse me but, how can I buy a Korean dictionary? |
| Clerk | (You can buy it) On Second floor. |
| Jenny | Do you sell English dictionary, as well? |
| Clerk | Yes, we have all kinds of dictionaries. |

. . . . . . . . . . . . . . . . . . . . . . . . . . . . . . . . . . . . . . . . . . . . . .

| Jenny | How much for all these? |
|---|---|
| Clerk | 83,000won for all. |
| Jenny | Here you are. |
| Clerk | You gave me 90,000won. Here's your change! |
| Jenny | Thank you. |
| Clerk | Thanks. Come again! |

**읽고 말하기 새 단어**

**내다** to treat  **음료수** drinking water
**삼겹살** Samgyeopsal  **주문하다** to order
**인분** a portion(for one person)

# 15과 친구를 만나서 서점에 갔어요
## After meeting my friend, we went to the bookstore

**새단어**

| | |
|---|---|
| **무슨** what(kind of) | **하고** and |
| **세수** washing a face | **선물** present |
| **주다** to give | **말하기** speaking |
| **삼계탕** Samgyettang | **아저씨** uncle, Mister |
| **바쁘다** to be busy | **광화문** Gwanghwamun |
| **예쁘다** to be pretty | **일어나다** to get up |
| **헤어지다** to be separated | **중간시험** a midterm exam |
| **장미** rose | |

## [15과 본문]

| 다니엘 | 제니 씨, 어제 바빴어요? |
|---|---|
| 제 니 | 네, 바빴어요. 광화문에 갔어요. |
| 다니엘 | 광화문에서 무엇을 했어요? |
| 제 니 | 친구를 만나서 서점에 갔어요. |
| 다니엘 | 무슨 책을 샀어요? |
| 제 니 | 한국어 사전하고 영어 사전을 샀어요. 다음 주에 한국어 시험이 있어요. |

| Daniel | Jenny, were you busy yesterday? |
|---|---|
| Jenny | Yes, I was busy. I went to Gwanghwamun. |
| Daniel | What did you do in Gwanghwamun? |
| Jenny | I met one of my friends and we went to the bookstore. |
| Daniel | What book did you get? |
| Jenny | I got a Korean and English dictionary. I have a Korean exam next week. |

**읽고 말하기 새 단어 | 듣고 말하기 새 단어**

| **산책** a walk | **기차** a train |
|---|---|
| **많이** a lot of | **부산** Busan |
| | **서울역** Seoul station |
| | **기차표** a train ticket |
| | **잠깐만** for a moment |

# 16과 | 감기에 걸려서 병원에 갔어요
## I went to see a doctor because I had a cold

### 새단어

| | |
|---|---|
| 늦잠 oversleep | 약속 promise |
| 감기 cold, flu | 질문 question |
| 기침 cough | 늦다 to be late |
| 걸리다 to be caught | 그래서 so |
| 괜찮다 feel better | 아르바이트 a part-time job |
| 아이스크림 ice cream | 지각하다 to be late for class |
| 열(이) 나다 to have a fever | 콧물(이) 나다 to have a runny nose |
| 께 ~to | 산 mountain |

## [16과 본문]

**왕 홍** 에리나 씨, 어제 무슨 일 있었어요?
왜 학교에 안 왔어요?

**에리나** 어제 병원에 갔어요. 그래서 학교에 못 왔어요.

**왕 홍** 어디가 아팠어요?

**에리나** 감기에 걸려서 머리가 많이 아팠어요.

**왕 홍** 언제부터 아팠어요?

**에리나** 주말부터 아팠어요.

**왕 홍** 약을 먹었어요?

**에리나** 네, 약을 먹어서 지금은 괜찮아요.

**Wanghong** Erina, what happened to you?
Why were you absent for class yesterday?

**Erina** I went to see a doctor yesterday, so I couldn't attend the class.

**Wanghong** What's wrong?

**Erina** I've got a cold and I had a headache.

**Wanghong** When did it happen?

**Erina** Since last weekend.

**Wanghong** Did you take some medicine?

**Erina** Yes, I did and now I feel much better.

### 읽고 말하기 새 단어 | 듣고 말하기 새 단어

| | |
|---|---|
| 목 neck | 내리다 to get off |
| | 시내 downtown |

# 17과 | 우리 같이 대학로에 갈까요?
## Shall we go to Daehak-ro together?

### 새단어

| | |
|---|---|
| 길 a road | 연극 a play |
| 거리 a street | 빨리 fast |
| 어서 quickly | 그러지요 I'll do that. |
| 대학로 Daehak-ro | |

## [17과 본문]

**벤자민** 제니 씨, 오늘 오후에 뭘 할 거예요?

**제 니** 저는 대학로에서 지훈 씨를 만날 거예요.

**벤자민** 거기에서 무엇을 할 거예요?

**제 니** 연극을 보고 거리를 구경할 거예요.
벤자민 씨는 뭘 할 거예요?

**벤자민** 저는 약속이 없어서 집에서 쉴 거예요.

**제 니** 그러면 우리 같이 대학로에 갈까요?

**벤자민** 그러지요.

**제 니** 오늘은 길이 복잡하니까 어서 갑시다.

**Benzamine** Jenny, What will you do this afternoon?

**Jenny** I will meet Jihun in daehangno.

**Benzamine** What are you going to do there?

**Jenny** I'm going to watch the play and then see the sights of street. What about you?

**Benzamine** I'll take a rest at home because I don't have any appointment.

**Jenny** Then, why don't we go to Daehak-ro together?

**Benzamine** OK!

**Jenny** Today's crowed on the street, so let's hurry up!

# 18과 무엇을 하고 있어요?
## What are you doing now?

**새단어**

걷다 to walk    묻다 to ask    끝나다 to finish
살다 to live 아뇨 no    팝콘 popcorn    인사동 Insadong
천천히 slowly    어떻게 how    전화번호 phone number
운전하다 to drive

### [18과 본문]

서 윤   여보세요.
벤자민   서윤 씨, 무엇을 하고 있어요?
서 윤   음악을 듣고 있어요.
벤자민   아, 그래요?
     서윤 씨, 내일 인사동에 갈까요?
서 윤   그러지요.
벤자민   어떻게 갈까요?
서 윤   가까우니까 천천히 걸어서 갑시다.
벤자민   인사동에서 무엇을 할까요?
서 윤   차를 마시면서 이야기합시다.
벤자민   네, 좋아요.

Seoyun     Hello?
Benzamine   Seoyun, What are you doing now?
Seoyun     I am listening to music.
Benzamine   Oh, I see. Seoyun, how about going
           to Insadong?
Seoyun     That's fine!
Benzamine   How do we get there?
Seoyun     It's not far, we can walk there slowly.
Benzamine   What shall we do at Insadong?
Seoyun     How about talking with some teas.
Benzamine   Sounds great.

#### 읽고 말하기 새 단어

한강 Hangang(river in Seoul) 넓다 to be wide
나무 tree 정말 really 팀 team 유람선 an excursion
깨끗하다 to be clean 이기다 to win

# 19과 방학에 여행을 가려고 해요
## I'm going to travel during my vacation

**새단어**

홍콩 Hong Kong    호텔 hotel    여권 passport
결혼 marriage    떠나다 to leave    드라마 drama
예약하다 to reserve    좋아하다 to like    여자 친구 girlfriend
준비하다 to prepare    여행(을)하다 to travel

### [19과 본문]

왕 홍   제니 씨는 방학에 무엇을 하려고 해요?
제 니   저는 친구들과 같이 여행을 가려고 해요.
왕 홍   어디에 갈 거예요?
제 니   홍콩으로 갈 거예요.
왕 홍   언제 떠나요?
제 니   다음 주말에 떠나려고 해요.
왕 홍   비행기 표를 샀어요?
제 니   아니요, 오늘 비행기 표를 사야 해요.
     호텔도 예약해야 해요.

Wanghong   What are you going to do this
           vacation?
Jenny      I am going to travel with my friends.
Wanghong   Where do you want to go?
Jenny      To Hong Kong.
Wanghong   When will you leave?
Jenny      On next weekend.
Wanghong   Did you buy the flight ticket?
Jenny      Not yet, (but) I'll buy it today and also
          reserve the hotel.

#### 읽고 말하기 새 단어 | 듣고 말하기 새 단어

예습 preview                충무로역 Chungmuro station
복습 review                 남산 Namsan(Mt.)
따라하다 to repeat
열심히 hard
CD(시디) compact disc

**본문 및 새 단어 영문 번역**

# 20과 | 한국 음식을 만들 수 있어요?
## Can you cook any Korean dishes?

### 새단어

키 height
멀다 to be far
다리 legs
만들다 to make
케이크 cake
놀이공원 an amusement park
이리/그리/저리 here /there /over there

축구 soccer
들다(먹다) to eat
맥주 beer
태권도 Taekwondo
들어오다 to come in

**[20과 본문]**

흐 엉  누구세요?

왕 홍  왕홍이에요.

흐 엉  네, 들어오세요.

· · · · · · · · · · · · · · · · · · · · · · · · · · · · · · ·

흐 엉  이리 앉으세요.

왕 홍  흐엉 씨, 뭘 만드세요?

흐 엉  불고기를 만들고 있어요.

왕 홍  불고기를 만들 수 있어요?

흐 엉  네, 지난주에 친구에게 배웠어요.
      왕홍 씨는 한국 음식을 만들 수 있어요?

왕 홍  아니요, 잘 못 만들어요.
      하지만 중국 음식을 잘 만들어요.

| | |
|---|---|
| Huong | Who's there? |
| Wanghong | It's Wanghong. |
| Huong | Yes, come in. |

· · · · · · · · · · · · · · · · · · · · · · · · · · · · · · ·

| | |
|---|---|
| Huong | Have a seat here. |
| Wanghong | Huong, what are you cooking? |
| Huong | I am making Bulgogi. |
| Wanghong | Do you know how to make Bulgogi? |
| Huong | Yes. Last week, I learned how to cook my friends. Can you cook any Korean dishes? |
| Wanghong | No, I can't. but, I can cook Chinese food well. |

**읽고 말하기 새 단어 | 듣고 말하기 새 단어**

눈 snow
스키 ski
스키장 a skiing ground
무섭다 to be awful

농구 basketball
태권도(장) Taekwondo
　　　　(a training hall)

# 21과 | 생일 파티를 해요
## We have a birthday party

### 새단어

꼭 definitely
반 class
부채 fan
요리 dishes
등산 climbing
동물 animal
고양이 cat
지내다 to live, to stay

산 mountain
수업 study
시골 country side
생선 fish
계절 season
배우 actor, actress
드리다 to give
졸업하다 to graduate from

**[21과 본문]**

승 기  벤자민 씨, 내일 시간 있어요?

벤자민  네, 내일 수업이 없어서 쉬려고 해요. 왜요?

승 기  그러면, 제니 씨 집에 같이 갈까요?
      내일이 제니 씨 생일이에요.
      친구들과 생일 파티를 할 거예요.

벤자민  그래요? 저도 가겠어요.
      그런데 승기 씨, 무슨 선물을 줄 거예요?

승 기  저는 한국 부채를 주려고 해요.
      벤자민 씨는요?

벤자민  저는 제니 씨가 꽃을 좋아해서 장미를
      주고 싶어요.

승 기  좋아요. 그러면 우리 내일 만납시다!

**342** | 춤 한국어 1

| Seunggi | Benzamine, are you free tomorrow? |
| Benzamine | Yes. There's no class tomorrow, so I will take a rest, what's up? |
| Seunggi | Then, would you like to go to Jenny's house with me? Tomorrow is Jenny's birthday, so we will have a party for her. |
| Benzamine | Really? I would love to join you. By the way, what kind of present you have in mind for her? |
| Seunggi | A traditional Korean fan. What about you? |
| Benzamine | I will buy some roses for her, because she likes flowers. |
| Seunggi | Great! See you tomorrow! |

### 읽고 말하기 새 단어 | 듣고 말하기 새 단어

**찾다** to look for
**카드** card

**문화** culture
**미술** art
**역사** history
**부모님** parents
**박물관** museum
**어버이날** parent's day
**봄** spring
**딸기** strawberry
**여름** summer
**가을** autumn
**수박** watermelon

# 22과 | 에리나 씨가 올까요?
## Is Erina coming?

**새단어**

| | | |
|---|---|---|
| **뭘요** you're welcome | **아직** not yet | **한번** just |
| **문법** grammar | **성격** personality | **가요** pop music |
| **청소** cleaning up | **아이들** children | **끝나다** to finish |
| **감자탕** Gamjatang (Pork-on-the-Bone Soup) | | |
| **유행이다** to be popular | | **유명하다** to be famous for |
| **수고하다** to make the efforts | | **미안하다** to be sorry |

### [22과 본문]

| 제 니 | 어서 오세요. 벤자민 씨! |
| 벤자민 | 늦어서 미안해요. 길이 매우 복잡했어요. |
| 제 니 | 괜찮아요. |
| 벤자민 | 생일 축하해요. 이거 제니 씨의 선물이에요. |
| 제 니 | 와! 정말 예뻐요. 고마워요. |
| 벤자민 | 뭘요. 친구들은 모두 왔어요? |
| 제 니 | 네, 승기 씨와 다니엘 씨가 왔어요. 그렇지만 에리나 씨가 아직 안 왔어요. 에리나 씨가 올까요? |
| 벤자민 | 네, 올 거예요. 한번 전화해 보세요. |
| 제 니 | 그러지요. |

| Jenny | Welcome. Benzamine! |
| Benzamine | I'm sorry that I'm late. There was to much traffic. |
| Jenny | That's O.K. |
| Benzamine | Congratulations! This is for you. |
| Jenny | Wow, It's so pretty! Thank you so much. |
| Benzamine | It's my pleasure. Is everyone already here? |
| Jenny | Yes, Seunggi and Daniel are here, but Erina hadn't arrived yet. Is Erina coming? |
| Benzamine | Yes, she is coming. You can just call her. |
| Jenny | OK. |

### 읽고 말하기 새 단어

**북경 오리** Beijingduck  **관광객** traveler
**관광지** a tourist destination(place)
**여기저기** here and there(place)

## 23과 얼마를 바꿔 드릴까요?
How much do you need for exchanging the money?

**새단어**

| | | |
|---|---|---|
| 돈 money | 전(에) ago | 달러 dollar |
| 돕다 to help | 잔돈 change | 바꾸다 to exchange |

## 24과 게임을 하는데 친구들과 함께 오세요
Please come with your friends for playing games

**새단어**

| | |
|---|---|
| 떡 Tteok(rice cake) | 용산 Yongsan |
| 옛날 a long time ago | 노래방 Noraebang(karaoke) |
| 노트북 laptop | 전통놀이 a traditional game |
| 얼굴 face | 데이트하다 to have a date |

[23과 본문]

직 원   어떻게 오셨어요?
다니엘   달러를 한국 돈으로 바꾸고 싶어요.
직 원   얼마를 바꿔 드릴까요?
다니엘   200달러를 바꿔 주세요.
직 원   돈과 여권을 주세요. 한국에 언제 오셨어요?
다니엘   1년 전에 왔어요.
직 원   어디에서 한국어를 배우세요?
다니엘   한국어학당에서 배우고 있어요.
직 원   아, 그래요? 여기 있습니다.
다니엘   네, 감사합니다.

[24과 본문]

선생님   여러분, 우리 내일 게임을 하는데 친구들과 함께 오세요.
학 생   무슨 게임요?
선생님   한국 전통놀이인데, 아주 재미있을 거예요.
학 생   그럼 내일 몇 시에 시작해요?
선생님   10시에 시작해서 1시에 끝날 거예요.
         게임을 하면서 떡과 음료수를 먹을 거예요.
학 생   네, 알겠습니다.
선생님   내일 만납시다.

| Clerk | Can I help you? |
|---|---|
| Daniel | I want to exchange US dollars to Korean Won. |
| Clerk | How much do you need for exchanging the money? |
| Daniel | 200 dollars. |
| Clerk | Please give me the money and your passport. When did you come to Korea? |
| Daniel | One year ago. |
| Clerk | Where are you learning Korean now? |
| Daniel | I'm learning Korean at Korean Language School. |
| Clerk | Oh, really? Here you are. |
| Daniel | Thank you. |

| Teacher | Everyone, we'll be playing a game tomorrow and please bring your friends. |
|---|---|
| Student | What kind of game? |
| Teacher | A traditional Korean game and it will be very exciting! |
| Student | What time does it start? |
| Teacher | It begins at 10 a.m and finishes at 1 p.m. We'll have some Tteok(rice cake) and have some water drinks while playing the game. |
| Student | Sure! |
| Teacher | See you tomorrow! |

**듣고 말하기 새 단어**
화장품 cosmetics

**읽고 말하기 새 단어 | 듣고 말하기 새 단어**

| | |
|---|---|
| 외국인 foreigner(s) | 유학생 a foreign student(s) |
| 인사동 Insa-dong | |

# 25과 | 경주에 도착하면 첨성대에 갑시다!
Let's go to CheumSeongDae
when we arrive Gyungju

경주 Gyeongju     찻값 price of tea
씻다 to wash     지우다 to erase
첨성대 Cheomseongdae     청소 cleaning

## [25과 본문]

**다니엘**   에리나 씨, 왕훙 씨는 안 왔어요?

**에리나**   네, 아직 안 왔어요.
10분 후에 도착할 거예요.

**다니엘**   그러면 조금 더 기다립시다.

**에리나**   다니엘 씨는 경주에 도착하면
뭘 하고 싶어요?

**다니엘**   저는 첨성대에 가고 싶어요.

**에리나**   그래요, 우리 경주에 도착하면
첨성대에 갑시다.

.........................................................

**왕 훙**   미안해요. 길이 복잡해서 늦었어요.

**에리나**   왕훙 씨가 늦었으니까 밥을 사세요.

**왕 훙**   네, 제가 밥을 살게요.

| | |
|---|---|
| Daniel | Hi, Erina, Wanghong hasn't come yet? |
| Erina | No, not yet. He will arrive in ten minutes. |
| Daniel | Then, let's wait for him. |
| Erina | Daniel, what would you like to do when you arrive at Gyungju? |
| Daniel | I want to go to Cheomseongdae. |
| Erina | Yes, Let's go to Cheomseongdae when we arrive! |

.........................................................

| | |
|---|---|
| Wanghong | I'm sorry, the street was so crowded. |
| Erina | Wanghong, you are late, so pay for the meal! |
| Wanghong | OK, I will. |

**읽고 말하기 새 단어 | 듣고 말하기 새 단어**

**단풍** a maple      **찍다** to take picture
                      **경치** scenery
                      **안압지** Anapji

# 26과 징말 아름답군요!
## How beautiful it is!

### 새단어

| | |
|---|---|
| 강 river | 숲 forest |
| 춤 dance | 곳 place |
| 커플 couple | 추다 to dance |
| 아이 child | 제목 title |
| 떡국 Tteokguk(rice-cake soup) | 설날 Lunar New Year's Day |
| 설렁탕 Seolleongtang(stock soup of bone and stew meat) | |
| 우체국 post office | 남이섬 Namiseom |
| 겨울연가 Winter sonata(title of Korean Drama) | |
| 다녀오다 to go and get back | 보여 주다 to show |

### [26과 본문]

제 니　왕홍 씨, 무엇을 보고 있어요?

왕 홍　지난 방학에 남이섬에 다녀왔는데,
　　　그 사진을 보고 있어요.

제 니　저도 보여 주세요.
　　　와! 정말 아름답군요!

왕 홍　네, 강과 숲이 아주 멋있었어요.
　　　남이섬은 한국 드라마 "겨울연가"를
　　　만들어서 유명해요.
　　　그 드라마를 좋아하는 사람들이 많이
　　　구경을 해요.

제 니　아, 그렇군요.
　　　그런데 이 사람이 왕홍 씨 여자 친구지요?

왕 홍　네, 제 여자 친구예요.

제 니　정말 아름다운 커플이군요.

---

| | |
|---|---|
| Jenny | Wanghong, What are you looking at? |
| Wanghong | I went to Namiseom for my last vacation and I am looking at the pictures I took when I was there. |
| Jenny | Can you show me? Wow! So beautiful! |
| Wanghong | Yes, the river and the forest were very nice!<br>The famous Korean Drama called "Winter Sonata" is made in Namiseom. Many people who like the drama came for sight-seeing! |
| Jenny | Oh, I see. By the way, is this woman your girlfriend? |
| Wanghong | Yes, (she is) my girlfriend. |
| Jenny | A really good couple! |

### 읽고 말하기 새 단어 | 듣고 말하기 새 단어

| | |
|---|---|
| 창밖 out of window | 출근 going to work |
| 기분 mood | 요금 a fee |
| 약속 promise | 현금 cash |
| | 손님 a guest |

# 27과 | 한국 전통 음악을 배우러 왔어요
## He came here to learn Korean traditional music

### 새단어

다른 the other
학비 tuition fee
오르다 to increase
빠르다 to be fast
생각하다 to think

뉴스 news
야구 baseball
아파트 apartment
빌리다 to borrow

### [27과 본문]

**지 훈** 주말 잘 지냈어요?

**왕 홍** 고향에서 동생이 와서 조금 바빴어요.

**지 훈** 동생은 왜 한국에 왔어요?

**왕 홍** 한국 전통 음악을 배우러 왔어요.

**지 훈** 아, 그렇군요.

**왕 홍** 그래서 동생과 함께 살 집을 찾아야 해요.
아파트보다 기숙사가 싸서 기숙사를 알아보려고
해요.

**지 훈** 요즘 서울의 집값이 많이 올랐어요.
어려운 일이 있으면 내가 도와줄게요.

**왕 홍** 고마워요, 지훈 씨.

| | |
|---|---|
| Jihun | Did you have a good weekend? |
| Wanghong | I was a bit busy with my younger brother, as he just got back from his hometown. |
| Jihun | Why did your bother come to Korea? |
| Wanghong | (He came) to learn traditional Korean music. |
| Jihun | I see. |
| Wanghong | I have to find a house for us to live together.<br>Dormitory is cheaper than apartment so I will look into it. |
| Jihun | In Seoul, the housing rent has increased a lot, If you have any problem, I can help you. |
| Wanghong | Thank you, Jihun. |

### 읽고 말하기 새 단어 | 듣고 말하기 새 단어

옆집 a neighboring house
개구리 a frog
마지막 the last
잊어버리다 to forget

단어 a word
되다 become

## 1과 이것이 무엇입니까?

|본문| Track 1
다니엘 : 이것이 무엇입니까?
에리나 : 책입니다.
다니엘 : 저것이 무엇입니까?
에리나 : 연필입니다.
다니엘 : 그것이 가방입니까?
에리나 : 네, 가방입니다.

|듣고 말하기| Track 2
❶ 이것이 무엇입니까? 구두입니다.
❷ 저것이 책입니까? 네, 책입니다.
❸ 그것이 의자입니까?
　아니요, 의자가 아닙니다. 책상입니다.
❹ 이것이 창문입니까? 아니요, 컴퓨터입니다.

## 2과 만나서 반갑습니다

|본문| Track 3
지 훈 : 안녕하세요? 제 이름은 김지훈입니다.
묘 묘 : 안녕하세요? 저는 묘묘입니다.
　　　만나서 반갑습니다.
　　　지훈 씨, 한국 사람입니까?
지 훈 : 네, 저는 한국 사람입니다.
묘 묘 : 저는 중국 사람입니다.
　　　저는 한국어를 공부합니다.

|듣고 말하기| Track 4
❶ 묘묘 씨는 이야기합니다.
❷ 제니 씨는 텔레비전을 봅니다.
❸ 민지 씨는 밥을 먹습니다.
❹ 에리나 씨는 물을 마십니다.
❺ 지훈 씨는 영어를 공부합니다.

## 3과 왕홍 씨는 학교에 갑니까?

|본문| Track 5
에리나 : 안녕하세요? 왕홍 씨, 학교에 갑니까?
왕 홍 : 아니요, 학교에 가지 않습니다.
　　　도서관에 갑니다.
　　　에리나 씨는 어디에 갑니까?
에리나 : 저는 명동에 갑니다. 쇼핑을 합니다.
왕 홍 : 지훈 씨도 명동에 갑니까?
에리나 : 아니요, 지훈 씨는 명동에 안 갑니다.
　　　신촌에 갑니다.

|듣고 말하기| Track 6
❶ 나는 시장에 갑니다. 사과를 삽니다.
❷ 학교에 갑니다. 한국어를 가르칩니다.
❸ 수영장에 갑니다. 수영을 합니다.
❹ 학교에 가지 않습니다. 쉽니다.

## 4과 여기가 어디입니까?

|본문| Track 7
서 윤 : 여기가 어디입니까?
벤자민 : 한국어학당입니다.
서 윤 : 한국어학당에서 무엇을 합니까?
벤자민 : 한국어를 배웁니다.
　　　서윤 씨는 무엇을 합니까?
서 윤 : 저는 중학교에서 영어를 가르칩니다.

|듣고 말하기| Track 8
1) ❶~❹
❶ 여기에서 한국어를 배웁니다.
❷ 여기에서 커피를 마십니다.
❸ 여기에서 영화를 봅니다.
❹ 여기에서 비행기를 탑니다.
2) ❺~❼
❺ 여기는 학교입니다.
❻ 여기는 백화점입니다.
❼ 여기에서 밥을 먹습니다.

## 5과 무엇을 하십니까?

|본문| Track 9

제 니 : 저는 주말에 극장에 갑니다.
왕홍 씨는 무엇을 하십니까?

왕 홍 : 저는 공원에 갑니다.

제 니 : 공원에서 무엇을 하십니까?

왕 홍 : 운동을 합니다. 제니 씨는 방학에
무엇을 하십니까?

제 니 : 고향에 갑니다.

왕 홍 : 방학이 몇 월 며칠입니까?

제 니 : 10월 19일입니다.

|듣고 말하기| Track 10

❶ 오늘은 10월 9일입니다.

❷ 오늘은 7월 14일입니다.
내일은 다니엘 씨의 생일입니다.

❸ 오늘은 금요일입니다.
내일은 회사에 가지 않습니다.

❹ 저는 평일에 학교에 갑니다.
주말에 커피숍에서 친구를 만납니다.

❺ 오늘은 일요일입니다.
모레 어머니가 한국에 오십니다.

## 6과 오늘은 날씨가 좋습니다

|본문| Track 11

서 윤 : 오늘은 날씨가 어떻습니까?

다니엘 : 날씨가 좋습니다.

서 윤 : 내일도 날씨가 좋습니까?

다니엘 : 아니요, 내일은 날씨가 좋지 않습니다.
비가 옵니다.

서 윤 : 토요일과 일요일에도 비가 옵니까?

다니엘 : 아니요, 토요일과 일요일에는
비가 오지 않습니다.

|듣고 말하기| Track 12

❶ 지금은 봄입니다. 날씨가 어떻습니까?

❷ 한국어를 공부합니다.
한국어가 어떻습니까?

❸ 비빔밥을 먹습니다. 비빔밥이 어떻습니까?

❹ 영화를 봅니다. 영화가 어떻습니까?

❺ 가 : 한국어가 어떻습니까?
나 : 재미있습니다.
가 : 쉽습니까?
나 : 아니요, 쉽지 않습니다.
가 : 영어가 어떻습니까?
나 : 아주 어렵습니다.

### 7과 토요일에 무엇을 해요?

|본문| Track 13

제 니 : 다니엘 씨, 지금 어디에 가요?

다니엘 : 제주도에 가요.

제 니 : 제주도에 혼자 가요?

다니엘 : 아니요, 혼자 가지 않아요.

　　　　벤자민 씨도 같이 가요.

　　　　제니 씨는 토요일에 무엇을 해요?

제 니 : 집에서 친구와 같이 한국어를

　　　　공부해요.

다니엘 : 친구도 한국어를 배워요?

제 니 : 네, 제 친구는 베트남 사람이에요.

　　　　아주 재미있어요.

|듣고 말하기| Track 14

오늘은 토요일이에요. 우리 집에서 친구들과 같이 놀아요. 제시카 씨는 지금 커피를 마셔요. 벤자민 씨는 전화를 해요. 왕양 씨와 다니엘 씨는 같이 음악을 듣습니다. 승기 씨는 책을 읽어요. 에리나 씨와 저는 한국어 숙제를 해요.

### 8과 어디에서 오셨어요?

|본문| Track 15

다니엘 : 안녕하세요, 승기 씨.

　　　　제 친구 벤자민이에요.

벤자민 : 만나서 반갑습니다. 벤자민입니다.

승 기 : 저는 이승기입니다. 반갑습니다.

　　　　벤자민 씨는 어디에서 오셨어요?

벤자민 : 프랑스에서 왔어요.

승 기 : 지난 주말에 무엇을 했어요?

벤자민 : 다니엘 씨와 같이 제주도에 갔어요.

|듣고 말하기| Track 16

❶ 어제는 토요일이었습니다. 학교에 가지 않았습니다.

❷ 주말에 시장에 갔습니다. 과일과 우유를 샀습니다. 빵은 사지 않았어요. 김밥 가게에서 김밥도 샀어요.

❸ 여기에서 친구와 같이 한국어 숙제를 했어요. 숙제가 아주 어렵습니다. 한국 역사책도 읽었어요.

### 9과 집에 텔레비전이 있어요?

|본문| Track 17

선생님 : 제니 씨, 집이 어디예요?

제 니 : 사당역 옆에 있어요.

선생님 : 제니 씨 집에 텔레비전이 있어요?

제 니 : 아니요, 없어요.

　　　　컴퓨터와 침대가 있어요.

선생님 : 제니 씨 집이 어때요?

제 니 : 아주 크고 조용해요.

|듣고 말하기| Track 18

❶ 우리는 여기에서 차도 마시고,

　　친구와 이야기도 해요.

❷ 인터넷을 하고 영화를 봐요. 게임도 하고

　　숙제도 합니다. 전화는 하지 않아요.

❸ 오늘은 날씨가 좋지 않아요.

　　구름이 많고 흐립니다.

### 10과 지금 몇 시예요?

|본문| Track 19

테츠야 : 지훈 씨는 주말에 무엇을 했어요?

지 훈 : 저는 커피숍에서 친구들을 만났어요.

　　　　친구들과 커피를 마시고 영화관에 갔어요.

테츠야 : 몇 시에 집에 갔어요?

지 훈 : 일곱 시쯤에 집에 갔어요.

테츠야 : 지훈 씨, 지금 몇 시예요?

지 훈 : 여덟 시 오십 분이에요.

　　　　수업이 몇 시에 시작해요?

테츠야 : 아홉 시에 시작해요.

|듣고 말하기| Track 20

에리나 : 벤자민 씨, 어제 무엇을 했어요?
벤자민 : 어제 기숙사에서 아침을 먹었어요.
　　　　그리고 지하철을 타고 백화점에 갔어요.
에리나 : 백화점에서 옷을 샀어요?
벤자민 : 아니요, 가방을 샀어요. 가방을 사고 식당에
　　　　갔어요. 식당에서 비빔밥을
　　　　먹었어요. 그리고 공원에 갔어요.
　　　　공원에서 지훈 씨와 같이 이야기했어요.
에리나 : 몇 시에 집에 갔어요?
벤자민 : 8시쯤에 갔어요. 아주 재미있었어요.

## 11과 우리 가족은 모두 4명입니다

|본문| Track 21

민 지 : 이거는 가족사진이에요.
지 훈 : 누가 아버지세요?
민 지 : 이분이 우리 아버지세요.
　　　　아버지는 회사에 다니세요.
지 훈 : 이 사람은 동생이에요?
민 지 : 아니요. 우리 오빠예요.
지 훈 : 이분은 누구세요?
민 지 : 우리 어머니세요.
지 훈 : 민지 씨의 어머니는 외국 사람이세요?
민 지 : 네. 우리 어머니는 필리핀 사람이세요.

|듣고 말하기| Track 22

우리 가족은 모두 네 명입니다.
아버지, 어머니, 오빠, 그리고 저입니다.
아버지는 은행에서 일을 하십니다. 어머니는
집에 계십니다. 그리고 오후에 컴퓨터를
배우십니다. 오빠는 미국에서 공부합니다.
오빠의 여자 친구는 미국 사람입니다.
의사입니다. 저는 요즘 중국어를 공부합니다. 참 재미
있습니다.

## 12과 여보세요, 거기 한국어학당입니까?

|본문| Track 23

제 니 : 여보세요. 거기 한국어학당입니까?
직 원 : 네, 그렇습니다. 누구세요?
제 니 : 안녕하세요. 저는 1단계 학생
　　　　제니입니다. 김 선생님 계세요?
직 원 : 아니요, 안 계세요.
　　　　지금은 교실에 계세요.
제 니 : 아, 그러면 제가 내일 전화하겠습니다.
직 원 : 몇 시에 전화할 거예요?
제 니 : 5시쯤 전화하겠어요.
직 원 : 네, 알겠습니다.

|듣고 말하기| Track 24

❶ 마리 씨, 내일 뭘 하겠어요?
　 저는 내일 은행에 가겠어요.
❷ 장디엔 씨, 비빔밥을 먹겠어요?
　 아니요, 비빔밥은 맵습니다.
　 햄버거를 먹겠어요.
❸ 지훈 씨는 주말에 무엇을 하겠어요?
　 저는 내일 영어 공부를 하겠어요.
❹ 제인 씨, 무엇을 사겠어요?
　 겨울옷이 없어요. 옷을 사겠어요.
❺ 프랭크 씨, 내일 공부를 하고 무엇을
　 하겠어요? 친구와 같이 서점에 가겠어요.

## 13과 한국 음식이 맛있지만 매워요

|본문| Track 25

다니엘 : 그게 뭐예요?

에리나 : 떡볶이예요.

다니엘 : 떡볶이가 어때요?

에리나 : 맛있지만 매워요.
다니엘 씨는 한국 음식이 어때요?

다니엘 : 아주 맛있어요.

에리나 : 무엇이 맛있어요?

다니엘 : 불고기가 참 맛있어요.

에리나 : 저도 불고기가 좋아요.
불고기는 맵지 않고 맛있어요.

|듣고 말하기| Track 26

에리나 씨와 저는 이 식당에 자주 와요.

식당은 학교 앞에 있어요.

이 식당 음식은 아주 맛있고 아주머니가
친절해요.

저와 제 친구는 김치찌개를 자주 먹어요.

김치찌개는 아주 맛있지만 매워요.

이 식당에는 비빔밥, 불고기, 떡볶이가 있어요.

우리는 오늘 불고기를 먹을 거예요.

불고기는 맛있지만 비싸요.

## 14과 거스름돈을 받으세요

|본문| Track 27

직 원 : 어서 오세요.

제 니 : 실례지만, 한국어 사전이
어디에 있어요?

직 원 : 2층에 있어요.

제 니 : 영어 사전도 있어요?

직 원 : 네, 여러 가지 사전이 다 있어요.

⋯⋯⋯⋯⋯⋯⋯⋯⋯⋯⋯⋯⋯⋯⋯⋯

제 니 : 모두 얼마예요?

직 원 : 모두 8만 3천 원입니다.

제 니 : 여기 있어요.

직 원 : 9만 원 받았습니다.
거스름돈 받으세요.

제 니 : 감사합니다.

직 원 : 또 오세요.

|듣고 말하기| Track 28

가 : 어서 오세요.

나 : 요즘 사과가 얼마예요?

가 : 사과 한 개에 천 원이에요.

나 : 정말 비싸요. 그러면 귤은 얼마예요?

가 : 다섯 개에 삼천 원이에요.

나 : 바나나는 얼마예요?

가 : 바나나는 요즘 싸요.
한 개에 오백 원이에요.

나 : 그러면 귤 열 개와 바나나 네 개 주세요.

가 : 여기 있습니다.

나 : 감사합니다. 안녕히 계세요.

## 15과 친구를 만나서 서점에 갔어요

|본문| Track 29

다니엘 : 제니 씨, 어제 바빴어요?

제 니 : 네, 바빴어요. 광화문에 갔어요.

다니엘 : 광화문에서 무엇을 했어요?

제 니 : 친구를 만나서 서점에 갔어요.

다니엘 : 무슨 책을 샀어요?

제 니 : 한국어 사전하고 영어 사전을 샀어요.
　　　　다음 주에 한국어 시험이 있어요.


|듣고 말하기| Track 30

가 : 여기가 어디예요?

나 : 서울역이에요. 여기에서 기차를 타고
　　부산에 갈 거예요.

가 : 기차가 몇 시에 출발해요?

나 : 12시에 출발해서 4시 30분쯤 도착할
　　거예요.

가 : 기차표를 어디에서 사요?

나 : 잠깐만 여기에서 기다리세요.
　　제가 표를 사겠어요.


## 16과 감기에 걸려서 병원에 갔어요

|본문| Track 31

왕 홍 : 에리나 씨, 어제 무슨 일 있었어요?
　　　　왜 학교에 안 왔어요.

에리나 : 어제 병원에 갔어요.
　　　　그래서 학교에 못 왔어요.

왕 홍 : 어디가 아팠어요?

에리나 : 감기에 걸려서 머리가 많이 아팠어요.

왕 홍 : 언제부터 아팠어요?

에리나 : 주말부터 아팠어요.

왕 홍 : 약을 먹었어요?

에리나 : 네, 약을 먹어서 지금은 괜찮아요.


|듣고 말하기| Track 32

에리나 : 다니엘 씨, 어제 산에 갔어요?

다니엘 : 아니요, 비가 와서 못 갔어요.

에리나 : 그러면 무엇을 했어요?

다니엘 : 명동에서 극장에도 가고 시내 구경도 했어
　　　　요.

에리나 : 무엇을 탔어요?

다니엘 : 비가 와서 택시를 탔어요.

에리나 : 어디에서 내렸어요?

다니엘 : 지하철역 앞에서 내렸어요.

**듣기 지문**

## 17과 우리 같이 대학로에 갈까요?

|본문| Track 33

벤자민 : 제니 씨, 오늘 오후에 뭘 할 거예요?

제 니 : 저는 대학로에서 지훈 씨를 만날 거예요.

벤자민 : 거기에서 무엇을 할 거예요?

제 니 : 연극을 보고 거리를 구경할 거예요.
　　　 벤자민 씨는 뭘 할 거예요?

벤자민 : 저는 약속이 없어서 집에서 쉴 거예요.

제 니 : 그러면 우리 같이 대학로에 갈까요?

벤자민 : 그러지요.

제 니 : 오늘은 길이 복잡하니까
　　　 　　　어서 갑시다.

|듣고 말하기| Track 34

❶ 가 : 흐엉 씨, 지금 몇 시예요?

　 나 : 2시 30분이에요. 왜요?

　 가 : 3 시에 기차가 출발해요.

　 나 : 그러면 시간이 없으니까 택시를
　　　 타세요.

❷ 가 : 민지 씨, 점심 먹었어요?

　 나 : 아니요, 바빠서 못 먹었어요.

　 가 : 그러면 배가 고프니까 우리 같이
　　　 식당에 갑시다.

❸ 가 : 마리 씨, 지금 무엇을 해요?

　 나 : 텔레비전을 봐요.

　 가 : 그래요? 오늘 날씨가 좋으니까
　　　 같이 산에 갈까요?

## 18과 무엇을 하고 있어요?

|본문| Track 35

서 윤 : 여보세요.

벤자민 : 서윤 씨, 무엇을 하고 있어요?

서 윤 : 음악을 듣고 있어요.

벤자민 : 아, 그래요?
　　　 서윤 씨, 내일 인사동에 갈까요?

서 윤 : 그러지요.

벤자민 : 어떻게 갈까요?

서 윤 : 가까우니까 천천히 걸어서 갑시다.

벤자민 : 인사동에서 무엇을 할까요?

서 윤 : 차를 마시면서 이야기합시다.

벤자민 : 네, 좋아요.

|듣고 말하기| Track 36

9월 28일 월요일

요즘 한국에서 한국어를 배우고 있습니다.

나는 오늘 학교에 갔습니다.

수업이 끝나고 음악을 들으면서 집에
걸어왔습니다.

숙제를 하고 저녁에 명동에서 남자 친구를
만났습니다.

우리는 영화를 보고 밥을 먹었습니다.

밥을 먹으면서 영화 이야기를 했습니다.

영화가 참 재미있었습니다.

## 19과 방학에 여행을 가려고 해요

|본문| Track 37

왕 홍 : 제니 씨는 방학에 무엇을 하려고 해요?

제 니 : 저는 친구들과 같이 여행을 가려고 해요.

왕 홍 : 어디에 갈 거예요?

제 니 : 홍콩으로 갈 거예요.

왕 홍 : 언제 떠나요?

제 니 : 다음 주말에 떠나려고 해요.

왕 홍 : 비행기 표를 샀어요?

제 니 : 아니요, 오늘 비행기 표를 사야 해요.
     호텔도 예약해야 해요.

|듣고 말하기| Track 38

아저씨 : 어서 오세요. 어디로 갈까요?

제 니 : 아저씨, 충무로역으로 가 주세요.

아저씨 : 네, 알겠습니다.

제 니 : 아저씨, 충무로역에서 친구를 만나서 남산으
     로 가려고 해요.
     어떻게 가야 해요?

아저씨 : 충무로역에서 내리세요.
     그리고 한국극장 앞으로 가세요.
     거기에서 버스를 타고 남산으로 가세요.

제 니 : 감사합니다.

아저씨 : 도착했습니다.

제 니 : 얼마예요?

아저씨 : 4,000원입니다. 안녕히 가세요.

## 20과 한국 음식을 만들 수 있어요?

|본문| Track 39

흐 엉 : 누구세요?

왕 홍 : 왕홍이에요.

흐 엉 : 네, 들어오세요.

......................................................

흐 엉 : 이리 앉으세요.

왕 홍 : 흐엉 씨, 뭘 만드세요?

흐 엉 : 불고기를 만들고 있어요.

왕 홍 : 불고기를 만들 수 있어요?

흐 엉 : 네, 지난주에 친구에게 배웠어요.
     왕홍 씨는 한국 음식을 만들 수 있어요.

왕 홍 : 아니요, 잘 못 만들어요.
     하지만 중국 음식을 잘 만들어요.

|듣고 말하기| Track 40

여 : 벤자민 씨는 무슨 운동을 잘해요?

남 : 저는 수영과 농구를 잘해요.

여 : 수영을 언제부터 했어요?

남 : 작년부터 배웠어요.
    그래서 지금은 잘해요.

여 : 요즘도 수영을 해요?

남 : 네, 요즘도 월요일과 수요일에 수영을 해요.

여 : 한국에서 농구도 해요?

남 : 아니요, 한국에는 친구들이 없어서
    농구를 못해요.
    그래서 요즘 태권도를 배우고 있어요.

친구들을 만날 수 있고 태권도를 배울 수 있어
    서 정말 좋아요.

## 21과 생일 파티를 해요

|본문| Track 41

승 기 : 벤자민 씨, 내일 시간 있어요?

벤자민 : 네, 내일 수업이 없어서 쉬려고 해요. 왜요?

승 기 : 그러면, 제니 씨 집에 같이 갈까요?
　　　　내일이 제니 씨 생일이에요.
　　　　친구들과 생일 파티를 할 거예요.

벤자민 : 그래요? 저도 가겠어요.
　　　　그런데 승기 씨, 무슨 선물을 줄
　　　　거예요?

승 기 : 저는 한국 부채를 주려고 해요.
　　　　벤자민 씨는요?

벤자민 : 저는 제니 씨가 꽃을 좋아해서
　　　　장미를 주고 싶어요.

승 기 : 좋아요. 그러면 우리 내일 만납시다!

|듣고 말하기| Track 42

❶ 오늘은 5월 8일 어버이날입니다. 저는 꽃과 케이크
　를 샀습니다. 누나는 아버지께
　구두를, 어머니께 가방을 드릴 거예요.

❷ 저는 과일을 아주 좋아합니다. 봄에는 딸기, 여름
　에는 포도, 가을에는 사과 그리고
　겨울에는 귤을 잘 먹습니다. 과일을 모두
　좋아하지만 수박은 잘 먹지 않습니다. 수박은 값이
　너무 비싸서 자주 먹을 수 없습니다.

❸ 이번 방학에는 한국 문화를 배우고 싶어요. 음악,
　미술 그리고 역사…. 그래서 우리 반 친구와 같이
　박물관에도 가고 역사 수업도 들을 거예요. 그리
　고 가족들에게 한국의
　문화를 소개하고 싶어요.

## 22과 에리나 씨가 올까요?

|본문| Track 43

제 니 : 어서 오세요. 벤자민 씨!

벤자민 : 늦어서 미안해요. 길이 매우 복잡했어요.

제 니 : 괜찮아요.

벤자민 : 생일 축하해요.
　　　　이거 제니 씨의 선물이에요.

제 니 : 와! 정말 예뻐요. 고마워요.

벤자민 : 뭘요. 친구들은 모두 왔어요?

제 니 : 네, 승기 씨와 다니엘 씨가 왔어요.
　　　　그렇지만 에리나 씨가 아직 안
　　　　왔어요. 에리나 씨가 올까요?

벤자민 : 네, 올 거예요. 한번 전화해 보세요.

제 니 : 그러지요.

|듣고 말하기| Track 44

선생님 : 흐엉 씨, 이거 어느 나라 요리예요?

흐 엉 : 베트남 요리예요.

선생님 : 그래요? 누가 만들었어요?

흐 엉 : 제 친구가 요리를 아주 잘해요.
　　　　그래서 친구와 같이 만들었어요.

선생님 : 와~ 맛있겠다! 빨리 먹어 보고
　　　　싶어요. 이 음식이 매울까요?

흐 엉 : 아니요. 맵지 않을 거예요.
　　　　선생님 한번 드셔 보세요.

선생님 : 네, 고마워요.

|본문| Track 45

직　원 : 어떻게 오셨어요?

다니엘 : 달러를 한국 돈으로 바꾸고 싶어요.

직　원 : 얼마를 바꿔 드릴까요?

다니엘 : 200달러를 바꿔 주세요.

직　원 : 돈과 여권을 주세요. 한국에는 언제 오셨어요?

다니엘 : 일 년 전에 왔어요.

직　원 : 어디에서 한국어를 배우세요?

다니엘 : 한국어학당에서 배우고 있어요.

직　원 : 아, 그래요? 여기 있습니다.

다니엘 : 네, 감사합니다.


|듣고 말하기| Track 46

왕　홍 : 다니엘 씨! 저 다음 달에 고향에 돌아가요.

다니엘 : 아! 그래요? 보고 싶을 거예요.

왕　홍 : 다음에 우리 고향에 여행을 오세요.

다니엘 : 네! 내년에 중국에 여행을 가겠어요.

왕　홍 : 다니엘 씨, 지금 시간이 있어요?
　　　　동생 선물을 사고 싶어요.
　　　　같이 갈 수 있어요?

다니엘 : 네. 좋아요. 뭘 사 주려고 해요?

왕　홍 : 아직 몰라요.

다니엘 : 동생이 뭘 좋아해요?

왕　홍 : 한국 노래도 좋아하고 옷과 화장품도 좋아해요.

다니엘 : 그러면 화장품을 사 주세요.

왕　홍 : 그것은 작년에 사 줬어요.

다니엘 : 그럼 치마는 어때요?

왕　홍 : 네, 좋아요.
　　　　동생이 아주 좋아할 거예요.

|본문| Track 47

선생님 : 여러분, 우리 내일 게임을 하는데
　　　　친구들과 함께 오세요.

학　생 : 무슨 게임요?

선생님 : 한국 전통놀이인데,
　　　　아주 재미있을 거예요.

학　생 : 그럼 내일 몇 시에 시작해요?

선생님 : 10시에 시작해서 1시에 끝날 거예요.
　　　　게임을 하면서 떡과 음료수를
　　　　먹을 거예요.

학　생 : 네, 알겠습니다.

선생님 : 내일 만납시다.


|듣고 말하기| Track 48

제　니 : 에리나 씨! 어제 그 남자 만났어요?

에리나 : 네, 만났어요.

제　니 : 어땠어요?

에리나 : 키가 크고 멋있었어요. 유학생인데
　　　　한국어학당에서 한국어를 공부해요.

제　니 : 어느 나라 사람이에요?

에리나 : 미국 사람이에요.

제　니 : 에리나 씨는 일본 사람인데 어떻게
　　　　이야기했어요?

에리나 : 제가 한국말을 잘 못해서 영어로
　　　　이야기했어요.
　　　　우리는 식당에서 저녁을 먹고 공원에 갔어요. 공원에서 커피를 마시면서
　　　　이야기를 했는데 아주 좋았어요.

제　니 : 또 데이트할 거예요?

에리나 : 네, 또 만나고 싶어요.

## 25과 경주에 도착하면 첨성대에 갑시다!

|본문| Track 49

다니엘 : 에리나 씨, 왕홍 씨는 안 왔어요?

에리나 : 네, 아직 안 왔어요.
　　　　10분 후에 도착할 거예요.

다니엘 : 그러면 조금 더 기다립시다.

에리나 : 다니엘 씨는 경주에 도착하면
　　　　뭘 하고 싶어요?

다니엘 : 저는 첨성대에 가고 싶어요.

에리나 : 그래요. 우리 경주에 도착하면
　　　　첨성대에 갑시다.

⋯⋯⋯⋯⋯⋯⋯⋯⋯⋯⋯⋯⋯⋯⋯⋯⋯⋯

왕　홍 : 미안해요. 길이 복잡해서 늦었어요.

에리나 : 왕홍 씨가 늦었으니까 밥을 사세요.

왕　홍 : 네, 제가 밥을 살게요.

|듣고 말하기| Track 50

다니엘 : 우리 저녁에 같이 안압지에 갑시다. 안압지
　　　　는 밤에 가면 좋아요.

에리나 : 네, 저도 거기에 가고 싶었어요.
　　　　몇 시쯤 갈까요?

다니엘 : 저녁을 먹고 일곱 시쯤 갑시다.

에리나 : 지금 네 시니까 세 시간 후에
　　　　호텔 문 앞에서 만납시다.


에리나 : 다니엘 씨! 많이 기다렸어요? 미안해요.

다니엘 : 아니에요. 택시를 타고 갈까요?
　　　　버스를 타고 갈까요?

에리나 : 버스가 잘 안 오니까 택시를 타고 갑시다.

다니엘 : 네, 저기 택시가 와요. 빨리 탑시다.

에리나 : 안압지에 가면 뭐 할까요?

다니엘 : 같이 사진을 찍읍시다.

에리나 : 좋아요. 경치가 아름다워서 사진이 예쁠 거
　　　　예요.

다니엘 : 에리나 씨의 사진을 많이 찍어 줄게요.

에리나 : 다니엘 씨는 사진을 잘 찍어요?

다니엘 : 아니요, 잘 못 찍지만 사진을 좋아해요.

## 26과 정말 아름답군요!

|본문| Track 51

제　니 : 왕홍 씨, 무엇을 보고 있어요?

왕　홍 : 지난 방학에 남이섬에 다녀왔는데,
　　　　그 사진을 보고 있어요.

제　니 : 저도 보여 주세요.
　　　　와! 정말 아름답군요!

왕　홍 : 네, 강과 숲이 아주 멋있었어요.
　　　　남이섬은 한국 드라마 "겨울연가"를 만들어
　　　　서 유명해요. 그 드라마를
　　　　좋아하는 사람들이 많이 구경을 해요.

제　니 : 아, 그렇군요. 그런데 이 사람이
　　　　왕홍 씨 여자 친구지요?

왕　홍 : 네, 제 여자 친구예요.

제　니 : 정말 아름다운 커플이군요!


|듣고 말하기| Track 52

기　사 : 어서 오세요. 어디까지 가십니까?

손　님 : 광화문까지 가 주세요. 언제 도착할 수 있을
　　　　까요?

기　사 : 지금은 출근 시간이니까 길이 복잡해서 30분
　　　　쯤 후에 도착할 거예요.

손　님 : 그러면, 9시까지는 갈 수 있지요?

기　사 : 네, 갈 수 있습니다.


기　사 : 손님, 도착했습니다.

손　님 : 감사합니다. 요금이 얼마지요?

기　사 : 7,500원입니다.

손　님 : 네, 카드를 드릴게요. 현금이 없어서요.

기　사 : 네, 알겠습니다.

## 27과 한국 전통 음악을 배우러 왔어요

|본문| Track 53

지 훈 : 주말 잘 지냈어요?

왕 홍 : 고향에서 동생이 와서 조금 바빴어요.

지 훈 : 동생은 왜 한국에 왔어요?

왕 홍 : 한국 전통 음악을 배우러 왔어요.

지 훈 : 아, 그렇군요.

왕 홍 : 그래서 동생과 함께 살 집을 찾아야 해요.
아파트보다 기숙사가 싸서
기숙사를 알아보려고 해요.

지 훈 : 요즘 서울의 집값이 많이 올랐어요.
어려운 일이 있으면 내가 도와줄게요.

왕 홍 : 고마워요, 지훈 씨.


|듣고 말하기| Track 54

선생님 : 벤자민 씨, 우리 다음 주부터
2단계에서 공부할 거예요. 그런데
벤자민 씨는 한국어 공부가 모두
끝나면 무엇을 하고 싶어요?

벤자민 : 프랑스로 돌아가서 한국어를
가르치고 싶어요. 그래서 요즘
태권도도 배우러 다니고
한국 친구들도 많이 만나면서
한국말을 연습하고 있어요.

선생님 : 그렇군요. 벤자민 씨는 꼭 좋은
선생님이 될 거예요.

벤자민 : 감사합니다. 선생님.
그런데, 2단계 수업은 어때요?

선생님 : 1단계보다 단어도 많고 문법도
어려워요. 지금보다 더 열심히
공부해야 해요.

벤자민 : 네, 알겠습니다. 꼭 열심히 할게요.

# | 정답 및 해설 안내 |

## Answers & Explanations Download

연습합시다

읽고 말하기

듣고 말하기

※ 『첨 한국어』와 관련한 다양한 학습 자료를 다운로드 받으실 수 있습니다.

www.chamkorean.com

정답 및 해설    MP3 CD

## Learn Korean with ChamKorean.com